사람은
이끌심

사랑의
이끄심

김우현

규장

PART 3 빌립.집사처럼

후기

PART 1

하늘.문을.여는.여행

"하늘의 문을 열어주소서." 진정 그것이 열려야 한다.
야곱이 경험했듯이 내가 선 곳이 어디든 하늘의 문이 열리면
아버지의 보좌 가운데서부터 그 역사가 흘러나온다.
야곱은 그 황막한 광야에서 열린 '하늘 문'을 보았고
하늘에 닿은 사닥다리 위로 주의 사자들이 오르락내리락 하는 것을 보았다.
그것이 우리에게도 일어나야 한다.
성령님이 임하신다는 것은 그 하늘의 문을 열어주신다는 것이다.

주의 성령이 내게 임하셨으니

이는 가난한 자에게 복음을 전하게 하시려고

내게 기름을 부으시고 나를 보내사 포로 된 자에게 자유를

눈먼 자에게 다시 보게 함을 전파하며 눌린 자를 자유케 하고

주의 은혜의 해를 전파하게 하려 하심이라 하였더라

누가복음 4:18,19

1
하나님의 돌쇠가 되어

국내 유명 일간지의 I 차장과 인터뷰를 한다고 해서 규장에서 만났다. 그런데 I 차장은 인터뷰는 안 하고 떨면서 자신도 방언을 받고 싶다고 했다. 그의 표정이 무척 진지해 보였다. 내 성질에 그런 말 듣고 그냥 있지 못한다.

"그럼 인터뷰는 나중에 하든지 하고, 당장 기도하지요."

그도 그러고 싶은데 두려움이 많다고 했다. 뭐가 두렵냐고 물으니 자신이 너무나 큰 죄인이라서 방언을 받지 못할 것 같다는 것이다. 미소가 지어졌다. 참 오랜만에 그런 말을 들은 것 같다. 자신이 '죄인'이라니 백 년.만에 듣는 말처럼 코끝이 짠했다.

"건강한 자에게는 의원이 쓸데없고 병든 자에게 필요하다고 주께서 말씀하셨습니다. 의인을 부르러 온 것이 아니라 죄인을 불러 회개시키러 왔다고 말씀하셨습니다."

스스로 연약하다 생각하니 방언을 받을 가능성이 더 높다. 우리는 곧바로 회개하고 성령님의 도우심을 구했다. 그는 정확히 1초 만에 방언을 받았다. 그것도 아주 강렬하게, 정말 호흡이 가쁠 정도로….

함께 기도하던 나도 규장의 여진구 대표도 감격스러웠다. 정말 생각지 않은 분에게 방언의 축복이 들어간 것이다. 정작 인터뷰는 하지 못했다. 인터뷰가 뭐 그리 중요한가! 가장 중요한 것은 한 영혼이 성령 하나님을 만나는 것이다.

그런데 재미있게도 I 차장은 이미 내 책《하늘의 언어》에 관한 기사를 써서 넘기고 방언을 받으러 왔다고 한다. 나는 이 열심에 주님이 복 주셨다고 믿는다. 더더욱 그에게 정이 가고 마치 친형제 같아 그를 꼭 안아주었다(하지만 그 분이 나보다 형님일는지 모른다). 목요 기도회도 있다고 하자 그는 저녁에 동료 기자를 데리고 왔다. 그 기자도 방언을 받았고 I 차장도 뜨겁게 기도하였다.

그 다음 날 이른 아침, 마침 규장에서 손기철 장로님의 집회가 있었는데, 그는 그때도 왔다. 집회가 끝난 뒤 손 장로님이 I 차장을 위해 기도해주었다. 그는 독일 월드컵을 취재하다가 넘어져서 다리를 심하게 다쳤는데 수술까지 했지만 여전히 다리를 굽히는 데 불편을 느낀다고 했다.

그 날의 기도로 그는 치유되었다. 그간 그는 그리 열심히 신앙생활을 한 사람이 아니다. 아니 신앙과는 조금 거리가 있었다. 그렇지만 처음 방언으로 기도할 때, 나는 아버지께서 그를 만지시고 그를 통해 역사하실 것이라는 확신이 들었다. 그런데 정말 이렇게 놀라운 치유와 회복의 시간들을 주신 것이다.

아버지가 보시는 중심은 참 다르다. I 차장은 돌쇠 스타일이다. 그는 군대에서 소위 '예수쟁이'들의 약삭빠르고 잘난 척하는 태도에 대해 분노가 있었다. 그래서 오랫동안 예수쟁이들을 싫어했다고 한다. 그런데 나이가 들어가면서 하나님을 체험하고 싶어졌다는 것이다.

하나님은 우리의 중심과 숨은 동기를 명확히 아신다. 두려움 가운데 방언을 받고 곧바로 그날 저녁 기도 모임에 참석하고, 다음날 거의 새벽 이다시피 한 시간에 다시 집회에 나온 정도의 열심도 그다지 대단한 것이 아닐 수 있다. 그러나 주님은 그것을 매우 귀하게 여기신다. 그는 귀한 것에 우직하게 충성하는 돌쇠가 되었고 아버지는 그런 열정에 놀라운 복을 부어주셨다.

솔직히 아버지가 우리에게 요구하시는 수준이란 엄청난 것이 아니다. 나 역시 정말 크고 놀라운 헌신을 한 것도 아닌데 넘치는 복을 부어주셨다. 중심에 진실함이란 그만큼 중요하다.

그날 낮에 몇몇 동지들이 모여서 기도했다. 마침 깊은 기도와 성령의 귀한 은사를 가지신 이희성 선교사님이 오셔서 함께 기도하였다. 깊은 기도와 성령의 임재 가운데 주님의 응답을 받았는데, '하늘의 언어'가 다른 누구보다 소외되고 힘겨운 이들에게, 특히 그런 곳의 목회자들에게 정말 절실하다는 것을 깨닫게 해주셨다.

나는 이미 《팔복 1-가난한 자는 복이 있나니》를 통해 그것을 실감했다. 아무도 알아주지 않는 곳에서 맨발로 충성을 다한 최춘선 할아버지의 영상과 책을 통해 수많은 이들이 위로와 치유를 경험했다고 했다. 그러나 그것만으로는 진정으로 승리할 수 없다. 성령님을 실제적으로 영접하고 누리지 못한다면 소용이 없다.

그들의 외로움과 힘겨움을 주님은 너무나 안타까워하셨다. 허공을

치는 것같이 혼자 강단을 지키고 간구하는 영혼들의 심연深淵의 상처, 주님은 그들을 위해 성령님과 함께 기도하는 이 능력을 나누라고 하셨다. 자신이 혼자가 아님을, 그 안에 거룩하고 놀라우신 성령님이 계심을, 우리가 예수님을 믿을 때부터 우리가 알지 못해도 탄식하며 중보하시는 그 성령님과 방언을 통해 교통하도록, 아버지의 임재 가운데 들어가 능력으로 일어서도록 섬기라 하셨다.

　나는 뜨거운 물기가 솟구치는 것을 느꼈다. 우리 주님은 그런 분이시다. 그 외지고 힘겨운 풍경들을 언제나 살피시는 분이시다. 우리는 그 주님의 마음을 받아 적극적으로 그것을 나누기로 다짐했다. 함께 기도한 규장의 여진구 대표는 그 자리에서 가난한 목회자들에게 《하늘의 언어》 1만 부를 무료로 나누겠다고 했다. 참으로 대담하고 감사한 일이 아닐 수 없다.

　주님은 "특별히 저 외진 변방의 목회자들에게 성령과 기도하는 은혜를 나누라"고 말씀하셨다. 겉으로 드러나지 않은 그들의 그 외로움과 공허함과 상처를 우리 주님이 얼마나 안타까워하시는지 깊이 만질 수 있었다.

　큰 교회든 작은 교회든 목회자도 사람이고 그 나름의 고민과 아픔이 많다. 그들도 연약하다. 주께 헌신하여 생生을 드린 이들 안에는 목회자이기에 미처 말 못한, 어쩌면 사역이니 목회라는 이름 아래 스스로 묻어두고 감추어둔 무수한 상처와 아픔들이 있는 것이다. 우리가 우리 문제와 갈급함에 휩싸여, 또 자기 생각에 갇힌 편견과 판단만으로 미처 읽지 못한 목회자들을 향한 안타까움과 긍휼을, 우리 주님은 품고 계신다.

사랑을 따라 구하라 신령한 것을 사모하라

고린도전서 14:1

바울의 이 선언이 얼마나 영혼을 뒤흔드는 말씀이던지!

우리는 어떤 체험이나 능력을 갈망하지만, 진정으로 그것을 추구하는 목적은 '사랑'이어야 한다. 우리를 진정으로 사랑하시는 아버지의 그 사랑에 가닿기 위하여, 그 사랑을 체휼하고 주께서 마음으로 품으시는 누군가를 섬기고 또 사랑하기 위하여, 그동안 바라보거나 기대하기만 했던 주主의 종들을 위해 더 기도하고 그 분들에게 진정한 하나님의 사랑, 성령님의 부으심, 그 쉼과 안식의 아름다움이 넘치기를 기도해야 한다! 나도 더욱 외진 곳의 '지극히 작은 자 하나'를 섬기겠다고 마음먹었다.

그런데, 그런데 말이다. 바로 그 날 오후부터 정말 눈치라도 챈 듯이 농어촌교회, 섬, 외진 곳에서 집회 요청이 봇물 터지듯 들어왔다.

'내가 그런 이들을 섬길 수만 있다면, '하늘의 언어'로 그들이 성령님과 주님과 아버지와 깊이 교제하며 외로움을 견뎌내고 한층 용기를 낼 수 있기만 하다면…'

아, 나는 주님의 그 역사에 놀라고 감격하였다.

날마다 주님의 기쁘신 뜻을 따라 살게 해달라고 구하던 여정에서 《팔복 1-가난한 자는 복이 있나니》를 나누게 되었고 전혀 생각지도 못한 '하늘의 언어'도 나누게 되었다. 이 모두가 내가 기획한 것이 아니다. 다큐멘터리를 만드는 일에만 집중하던 내게는 하나님나라를 변증하기 위한 여러 작업의 추구들이 있었다. 그러나 성령님을 만나고 난 뒤 나의 길은 내가 스스로 띠 띠고 원하는 곳으로 가는 그런 것이 아니었다.

'팔복과 부흥의 여정을 나누던 김우현이 방언이라니!'

'후기 인상파'라는 별명을 가진 심각한 먹물 같은 내가 보기에도 그것을 나눈다는 것이 놀라울 뿐이다. 어떤 이들은 방언에 대하여 이러저러한 말을 많이 한다. 이것저것 참 많이 묻는다. 그러나 나는 참 단순하게 생각한다. 그저 내 안에 주님이 보내주신 보혜사 성령님과 손잡고 열심히 기도하는 것이다. 그리고 하늘 보좌 가운데로 나아가는 것이다. 설령 그 내용을 알지 못해도 그렇게 기도하다보면 정말 놀라운 충만함이 임한다. 그 우직한 '순종'일 뿐이다.

나는 방언이 전부라고 생각하지 않는다. 그러나 우리가 순종하여 성령님과 기도하기를 전심을 다해 힘쓰면, 반드시 영靈의 치유와 회복과 비밀이 풀어진다. 나는 그냥 무식하게 그것을 나눌 뿐이다. 나는 더욱 '돌쇠'가 되기로 했다. 목이 다 쉬고 쉰 목이 나을 날이 없을 정도지만, 내 모든 것을 다해 섬기고 용기를 주고 같이 기도할 것이다.

한 영혼이라도 방언을 통해 아버지의 임재 안으로 들어가는 일에 힘쓴다. 감동만으로는 일시적이어서 이 싸움을 이기기 힘들다. 하나님나라에 대한 세미나와 탐구, 구호만으로도 어렵다. 바울이 간파한 것처럼 이것은 하늘의 '영적인 전쟁'엡 6:10-12이다. 우리 영이 성령님과 깊이 교제하는 가운데 서야 한다. 진정한 방언은 그것을 지향한다고 믿는다.

전능하신 아버지께 내 생生을 맡기고 돌쇠처럼 가는 거다. 나는 이

'하늘의 언어'가 영적 쓰나미가 되어 이 민족 구석구석에, 일본과 미국, 중국, 아프리카 전 세계를 덮을 것을 진정 믿는다.

그 날을 보기 위해, 한 영혼이라도 천하보다 귀히 여기며 섬기고 사랑하고 세우는 것이다. 부둥켜안고 기도해주고 성령님과 교제하도록 돕는 것이다.

그렇게 돌쇠처럼 우직하게 가고 또 가는 것. 그것이 나의 하늘 여행이다.

2
진리를 찾아서

구름 사이로 비추는 햇살 사이를 크게 울부짖으면서 '버드나무'(작업실)까지 왔다.

일본 집회를 다녀온 후 지독한 감기 몸살에 목이 다 쉬어버려서 몸을 사려야 하는데도, 내 연약함과 어리석음, 부끄러움들이 자꾸만 솟구쳐서 나로 하여금 소리치게 하고 울게 하고 주님을 처절히 부르게 했다. 정말 아무도 안 보는 곳에 가서 고꾸라져 죽어 있고 싶은 그런 마음이 들었다. 그러나 다시 일어나 이토록 부끄러운 영혼을 사랑해주시고 하나님나라를 보게 하시는 아버지를 불렀다. 인간적으로는 그리고 싶어도 주님을 생각하니 그 모든 게 다시 부끄러워져서다.

다행히 무더운 남부순환로 가엔 사람이 거의 없고 차 소리가 컸다. 온 몸이 땀에 절고 눈마저 따가웠지만 나는 그저 아버지만 부를 뿐이었다. 이 못난 아들에게 갈 길을 보여달라고…. 아버지가 진정 이 시대에 이루시고픈 그 역사를 알게 해달라고 처절히 외치고 또 외쳤다.

진정으로 그것만이 내 갈망의 전부다. 외치다보니 용기가 솟고 아버지가 이루시고픈 그 역사를 그 누구보다 더 이루어드리고 싶다는 열망이 솟기 시작했다. 뼈마디까지 허무하던 마음이 점점 원기를 회복했고, 내 안에 성령께서 꿈틀거리시는 것을 느꼈다. 이젠 돌이킬 수 없는, 아니 이 흉흉한 시절에 오직 아버지가 꿈꾸시는 그 일에만 내 생生을 던지겠다는 갈망, 정말 그렇게 살기로 작정하고 부끄럽지만 그 길을 가고자….

무심히 맞닥뜨린 신호등 앞에 멈춰 서서 나는 생각했다.

나름대로 그런 갈망과 변화와 능력을 꿈꾸지만, 여전히 연약하고 얽매인 풍경들…. 무엇인가? 그토록 열심히 갈망하는데, 순간 너무나 당연한 깨달음이 엄습한다. 진리를 붙들지 않고 그것에 철저히 복종치 않은 것이다. 나의 연약함 역시 거기에서 기인한다. 성령님은 진리를 통해 그것의 본질로 역사하시고 이루신다. 그분은 '진리의 성령님'이시다.

> 인자人子의 온 것은 잃어버린 자를 찾아 구원하려 함이니라
>
> 누가복음 19:10

이것이 주님의 길이며 제자 된 우리의 길이다. 참으로 무엇이든 현란하고 거창한 비전들이 난무하는 이 시대에, 이제 이런 말씀들은 낯설기조차 하다. 이토록 처절히 구하고 남모르게 우는 것은 이 말씀을 붙들었기 때문이다. 하나님을 알지 못하고 그 사랑과 은혜를 모르는 지극히 작은 한 영혼, 그들에게 구원의 비밀과 통로와 능력인 주님을 알게 하고 자유와 해방을 주기 위함이다. 그것이 성경의 진리가 요구하는 삶이다. 우리가 능력을 구하고 성령님의 도우심을 요청하는 이유도 그것이다.

주의 성령이 내게 임하셨으니

이는 가난한 자에게 복음을 전하게 하시려고

내게 기름을 부으시고 나를 보내사 포로 된 자에게 자유를,

눈먼 자에게 다시 보게 함을 전파하며 눌린 자를 자유케 하고

주의 은혜의 해를 전파하게 하려 하심이라 하였더라

누가복음 4:18,19

아아, 내가 이토록 성령님의 능력과 기름부음을 나누려는 의미도 그 것이다. 많은 이들이 자기의 부르심과 비전에 대한 고민과 갈망을 말한 다. 나도 시퍼런 청춘의 시절에는 그것에 집착하였다.

"모든 예수 그리스도의 제자들에게는 단 하나의 부르심이 있습니 다. 그것은 바로 그리스도의 증인이 되는 것입니다. 주님처럼 가난한 자 에게 복음을 전하는 그것입니다."

나는 그런 고민을 물어오는 이들에게 늘 그렇게 말해준다. 이것이 정답이라 믿는다. 주님의 '손과 발'이 되고, 그 가시는 길을 따라 살게 해 달라고 나도 무수한 시간을 기도하였다. 그 응답이 이것이었다. 그 어떤 삶의 자리, 어떤 영역에 있든지 우리의 비전은 오직 이것을 이루어내는 것이다. 이것이 '내 안에 그리스도께서 사시는 것'갈 2:20이다.

주님이 이 땅에 오셔서 그렇게 사셨듯이 '가난한 자', '잃어버린 자 들'에게 천국의 복음을 전하는 것이다. 그 포로 되고 눈멀고 갇힌 데서 자 유케 하는 것이다.

그런데 말이다. 그것은 나의 힘과 애씀, 능력으로는 어렵다. 아직도

나의 힘으로 가능하다고 믿는 이들이 있다면 더 많이 무너져봐야 하리라. 예수님조차 그것을 행하시려고 '기름부음'을 받으셨다. 아아… 이것은 얼마나 중요하고도 놀라운 것인가!

나는 그전에 '성령'이니 '기름부음'이니 하는 말들을 싫어했다. 무언가 치우친 은사주의자들의 단어처럼 여겨졌기 때문이다. 그러나 그것은 말씀을 정확히 읽지 않았을 때의 잘못된 생각이다. 진리는 기름부음이 진정한 복음을 증거하게 한다고 선언한다.

> 오직 성령이 너희에게 임하시면 너희가 권능을 받고 …
> 땅 끝까지 이르러 내 증인이 되리라
>
> 사도행전 1:8

주님처럼 사는 것이 그분의 '증인'이 되는 것이다. 오랫동안 얼마나 주님처럼 살고 싶었는지 모른다. 비록 누추하고 연약함에 허덕였지만 나의 그 갈망은 주님이 아신다. 그렇게 살고 싶어 말씀의 명령을 따라 '지극히 작은 자 하나'마 25:40를 찾아 밑바닥의 풍경들을 찾아 쏘다녔다. 서러움을 겨우 안다고 '서른'이라는 그 즈음부터 나는 카메라를 들고 그 외진 길들을 찾아다녔다. 그리고 절망하고 또 절감했다.

잃어버린 한 영혼을 주主의 긍휼로 품는다는 것은 말처럼 쉬운 것이 아니다. 성령님의 능력이 부어져야만 한다. 나는 그런 친구들과 삶을 나누었지만 진정 치유하거나 변화시키지는 못했다. 내 앞에서 죽어 나가는 노숙자 친구 때문에 며칠을 시름시름 앓아야 했다.

진정으로 증인이 되게 하는 것은 나의 확신이나 헌신만으로는 되지 않는다. 오직 성령님의 충만함과 그것으로 부어지는 '권능'만이 내가 증인이 되게 한다. 내 안에 그리스도께서 살아 역사하시게 한다. 그리고 그 것이 가능해지면 우리의 삶은 곤고에 처하지 않으며 그 어떤 얽매임과 연약함에도 불구하고 담대히 나아가게 된다.

그러나 나는 주를 향한 열망은 특심特心이로되 그것을 가능케 하는 성령님의 권능, 기름부음에는 무지하였다.

"너는 나를 향한 마음과 열심이 있다. 그러나 그것만으로 진정한 내 제자가 되는 것은 아니다. 나의 제자들이 그러하듯 너 또한 성령의 권능을 받아야 그 삶이 열리리라."

2004년 봄, 내가 울며 걷고 있는 이 남부순환로 가의 우면산에서 나는 극적으로 주님의 음성을 들었다. 그 때, 나는 방송에서 하던 다큐멘터리에 매우 지쳐 있었다. 그러나 그 로뎀나무 아래 쓰러진 것만 같은 허기속에서도 날마다 "주님… 당신의 손과 발이 되게 해주세요. 진정한 제자가 되게 해주세요"라고, 어린 시절에 하던 그 간구를 읊조리고 있었다.

그러던 어느 봄날 주님께서 찾아오신 것이다. 나는 내 의지가 아닌 어떤 힘에 의해 용광로 같은 뜨거운 눈물을 쏟아내며 주님의 음성을 그렇게 들었다. 주님은 사도행전 1장의 그 말씀을 내게 다시 들려주셨다. 그 말씀은 너무나 익숙해서 식상할 정도였다. 그러나 이제 나는 그것이 진정한 능력의 원천임을 알았다.

식상한 말씀이란 없다. 모든 말씀은 '살았고 운동력이 있는' 성령의 검劍이다. 그 믿음이 와야 하늘 문이 열린다. 나는 증인이 되고자 열망했으나 그 삶을 열어주는 '성령의 권능'에 대해서는 젬병이었다. 주님은 그날 그것을 가르쳐주셨다.

"주님, 이 연약하고 무익한 저를 용서하시고 다시 권능으로 부어주세요. 성령님, 제 배에서 생수의 강이 흐르게 해주세요."

나는 길을 걸으며 차 소리에 묻혀 큰소리로 외치듯 기도하였다. 성령님의 능력을 경험하고 그전과 비교가 안 되는 삶을 살게 되었지만, 그래도 내 안에 아직 처리되지 않은 옛사람의 본성과 연약함이 불쑥불쑥 드러나 절망하곤 했다. 그러면 일시적으로 무지에 갇히고 낙담이 엄습하여 이렇게 허덕이곤 하는 것이다. 절규하듯 기도하고 길을 가는데 갑자기 떠오르는 말씀이 있었다.

내가 붙드는 나의 종,
내 마음에 기뻐하는 나의 택한 사람을 보라
내가 나의 신神을 그에게 주었은즉
그가 이방에 공의를 베풀리라
이사야서 42:1

주님의 모든 삶은 하나님의 언약과 예언을 이루시는 것이다. 하나님이 기뻐하는 자, 택한 종이 누구인가? 나는 진정 이런 사람이 되고 싶다. 그것이 되지 못한다면 너무나 억울하고 불행하다. 그런 자는 '하나님의 영'(성령)을 받아 이방에 공의를 베푸는 자다.

그러면 성령의 능력으로 베풀어야 할 '공의'란 무엇인가? 그 말은 약간 어렵고 애매하기조차 하다. 그런데 기도하다가 갑자기 그것이 열리고 깨달아지는 것이다.

그 답은 그 다음 구절에 명확히, 그것도 친절히 나와 있다.

> 그는 외치지 아니하며 목소리를 높이지 아니하며
> 그 소리로 거리에 들리게 아니하며 상한 갈대를 꺾지 아니하며
> 꺼져가는 등불을 끄지 아니하고 진실로 공의를 베풀 것이며
>
> 이사야서 42:2,3

세상에서 가장 약하고 부러지기 쉬운 것이 상한 갈대다. 등불이 꺼져가는 까닭은 당연히 기름이 없어졌기 때문이다. 세고, 강하고, 물질과 능력을 가진 이들이 아닌 이 세상에서 가장 연약하고 상처가 많은 이들과, 예전의 나처럼 성령님의 기름부음을 알지 못해 허덕이는 이들을 일으키고 회복시키는 삶, 그것을 사는 것이 하나님의 '공의'를 사는 것이다. 잃어버린 한 영혼을 찾아 섬기는 것, 그것이 바로 주님의 길이요 성령의 권능으로 증인이 되고자 하는 이들의 삶이다.

내가 지치고 무기력해지는 이유는 무엇인가? 이 본질을 상실해서다. 나를 드러내어 세상에 무엇을 알리려는 프로젝트를 하지 않았다고 하나 그 상한 갈대와 꺼져가는 등불들, 잃어버린 양들에게 더욱 집중하지 못해서다. 한 영혼을 붙들고 성령과 사랑으로 세우고 기도하는 그 종의 섬김을 놓친 것이다.

그 다음 구절에서 나의 영혼은 비상飛上하였다.

그는 쇠하지 아니하며 낙담하지 아니하고
세상에 공의를 세우기에 이르리니
섬들이 그 교훈을 앙망하리라

이사야서 42:4

지치고 허망해지지 않으려면 이 진리를 붙들어야 한다. 오직 하나님의 성령으로 잃어버린 자들을 섬기는 그 '증인됨' 가운데로 깊이 들어가야 한다. 그 길에 헌신하면 하늘 아버지가 나를 붙드시고, 능력 주시고, 앞서 길을 여시고, 안고 가시며, 주의 사자와 천사들이 길을 인도해간다. 그러므로 먼저 우리의 길이, 우리의 꿈과 삶의 자리가, 주님이 그러하셨듯이 한 영혼을 회복시키고 자유케 하는 일에 온전히 드려지는지 성령 안에서 살피는 작업이 절실하다.

또 아무리 열심과 능력이 있고 눈에 보이는 가시적可視的인 무엇을 가지고 있어도 사랑이 없으면 소용이 없음을 영혼 깊이 새겨야 한다. 그것이 깊고 놀라운 천사의 말이고, 영혼을 흔드는 노래와 글이며, 거대한 산을 옮길 만한 모든 믿음이고, 다른 사람을 위해 나 자신을 불사르게 내어줄 강력한 은사와 예언과 불의 말씀이라도, 사랑이 없으면, 우리 삶이 아무리 고귀해 보이고 그럴듯하다고 해도 사랑이 없으면, 아무런 소용이 없음을, 우리에게 그 하늘 사랑의 본질을 알게 해주시는 분이 바로 성령님이시다.

우리의 꿈과 근거가 말씀 위에 건축되지 않으면 쉽게 무너지고 잘 세워지지 않으며 자주 흔들린다. 성령님의 능력을 더욱 갈망하는 이때에,

우리는 그분이 '진리의 영'이시며 진리를 통해 역사하시는 분임을 다시 깊이 새겨야 한다.

이제 더욱 열심히 말씀에 붙들려 순종하고 진리가 요구하는 그 길에 복종해야겠다.

> 너희가 나를 사랑하면 나의 계명을 지키리라
>
> 요한복음 14:15

> 나의 계명을 가지고 지키는 자라야 나를 사랑하는 자니
> 나를 사랑하는 자는 내 아버지께 사랑을 받을 것이요
> 나도 그를 사랑하여 그에게 나를 나타내리라
>
> 요한복음 14:21

우리가 진정으로 주님을 사랑한다는 근거는 주님의 계명을 지키는 것으로 증명된다. 주님의 명령과 계명과 권고에 진정 혼신의 힘을 다해 귀를 기울이고 지키고자 애쓰는지가 주님을 향한 우리의 사랑을 입증하는 것이다. 그런 사람에게 주님은 자신을 나타내신다. 반드시 말씀에 집중해야겠다. 진리가 무엇을 말하는지에 온 힘을 기울여 응답해야겠다. 그것이 없는 성령의 역사는 대단히 위험하다.

그동안 마귀가 어떤 짓들을 해왔는지 우리는 명확히 보았다. 다 진리에 굳게 서지 못하고 잃어버린 한 영혼과 주님의 마음과 사랑에 기인하지 않아 자초한 일이다. 한국 교회의 위기는 거기에 기인한다. 나의 힘겨

움도 그 까닭이다.

성령님은 진리의 영이시며 진리는 살았고 운동력이 있는 하나님의 능력이다. 방언을 열심히 하는 이유도 진리가 그것을 요구하기 때문이지, 나의 관점이나 사정은 문제가 아니다. 절망하지 말고 쉽게 넘어지지 말고 판단하지 말아야 할 이유도, 아무리 세상이 흉용해도 우리가 담대히 나아가야 하는 이유도, 주께서 세상을 이기셨으며 진리가 그렇게 말하기 때문이다.

환경과 사정과 어려움만 토로하며 힘겨워 주저앉는 것도 진리에 합당치 않다. 진리는 아무것도 염려하지 말고 오직 모든 일에 기도와 간구로 감사함으로 하나님께 아뢰라 한다. 그러면 모든 지각에 뛰어난 하나님의 평강이 그리스도 예수 안에서 우리의 마음과 모든 생각, 우리의 사정과 일과 환경을 지키시고 인도하신다는 약속이다.

그 진리를 믿음으로 이를 악물고 붙들면 우리가 상상하지 못했던 하나님의 역사가 나타나는 것이다. 이 단순한 영적 기초로 다시 돌아가자. 오직 하나님의 언약을 믿고 또 믿는 자녀들이 되자.

나의 영혼은, 나의 삶과 꿈은 주님처럼 잃어버린 한 영혼을 찾아 구원하는 일에 드려져 있는가? 나의 헌신과 일과 영상은, 노래는, 섬김은, 직업과 가정과 생生은… 그것을 지향하는가? 그것을 위해 이 땅에 오신 독생자 예수님의 꿈이 곧 나의 것인가? 그 모든 근거가 진리 위에 세워져 있는가?

비 오듯 하는 땀에 절어 기도하며 나는 다시 다짐했다. 주님의 마음과 눈물과 꿈과, 이 땅에 가장 이루시고픈 그것이 곧 나의 모든 것이다.

'제 삶이 그렇게 드려지게 하소서. 그 일을 위해 길을 여시고 진리와 성령의 능력을 더하소서.'

그 순간 성령님이 강력히 임하시는 것을 느꼈다.

3

기도하지 않으면 죽는다

이른 아침, 생선 장사를 하며 찬양을 하는 후배 정근이와 가평의 숲 속으로 갔다. H 교회 청년부 수련회에 온 것이다. 어제 강도 높은 기도를 해서인지 목이 꽉 잠겼다. 아담한 장소에 순박한 전도사와 청년들이 모여서 나를 기다리고 있다.

《부흥의 여정》과 《하늘의 언어》를 읽고 몇 주를 갈망하며 기도했다는 그들에게 나는 성령님에 대해 나누었다.

오는 길에 무엇을 나눌지 주님께 구했다. 문득 주님은 "보혜사 성령 님은 너희와 함께 거하시고 너희 속에 계신다"요 14:17라는 말씀에 집중하게 하셨다. 주님이 부활하신 후에 하나님나라의 일을 말씀하시고 기다리라고 한 그 '아버지의 약속하신 것', 즉 '성령세례'행 1:5가 무엇인지 한동안 고민했다.

'세례'란 주님과 합하여 죽고 주님과 함께 다시 사는 것의 표증이다. 성령세례란 '성령님과 온전히 연합하는 것'이라 믿는다. 그분에게 잠기는 것이다. 사로잡히고 지배당하고 매순간 인도되는 것이다. 그분이 나를 지배할 때 생수의 강이 터지고, 우리가 주님을 믿을 때 내 안에 오신 아버지의 영광, 그 비밀, 그 능력들이 나타난다. 그것이 권능이 아닐까….

많은 이들이 능력의 부어짐과 어떤 은사들만을 추구할 때 나는 성령님의 내주內住하심에 집중한다. 나만 엉뚱한 것인가? 그러나 아무리 성경을 읽고 기도해도 이것이 중요하다. 성령님은 이미 내 안에, 내 삶 가운데 임하신 것이다. 그냥 와 계신 것이 아니라 아버지가 나를 위해 예비하신 놀라운 은사들과 기름부음들, 역사들을 모두 가지고 와 계신다. 그분을 단지 나의 사역이나 갈망의 필요나 수단이 아닌 삼위일체 하나님으로서 영접한다면 우리에게 요구되는 것은 오직 '순종'이다. 그분의 인도하심을 구하는 것이다.

> 너희가 만일 성령의 인도하시는 바가 되면 율법 아래 있지 아니하리라
> 갈라디아서 5:18

이 말씀은 내게 혁명처럼 엄청난 기운과 변화를 일으켰다.

여기서 '인도하심'이란 헬라어로 '아고'ago라고 되어 있다. 그것은 '아이의 손을 꼭 잡고 이끌어가는 형식'을 의미한다. 주님은 성령님을 '보혜사'保惠師라고 하셨다. 그것은 '파라클레토스'parakletos 즉, '우리를 보호하시고, 변호하고, 응원하고, 가르치시고, 능력으로 이끌어주시는 분'이라는 뜻이다.

이 성령님이 얼마나 좋은 분이신지 주님은 "내가 떠나가는 것이 너희에게 유익이라"요 16:7고까지 말씀하셨다. 우리가 온전히 알고 나면 성령님은 정말 좋은 분이시다. 성령님은 우리를 하나님의 나라와 그의 의

가운데로 인도하신다. 예수님의 진리와 영광 가운데로 이끄신다.

"성령님, 나를 인도해주세요. 이끌어주세요. 그 나라와 의義 가운데로…."

나는 날마다 이것을 구하였다. 정말 어린 아이처럼 그분의 인도함 받기를 구한 것이다. 그런데 그것만 지속적으로 구했을 뿐인데, 정말 나의 삶이 그전과 달리 '하나님의 나라와 의'로 걸어가고 있는 것을 발견했다. 마치 바람이 임의로 불듯이 그런 삶이 나타나기 시작한 것이다.

나는 보혜사 성령님께 온전히 붙들려 사는 삶을 구하라고 청년들에게 당부하였다. 그 삶이 열리도록 순복하는 기도를 하도록 말씀을 더 소개했다.

> 무릇 하나님의 영으로 인도함을 받는 그들은 곧 하나님의 아들(딸)이라
>
> 로마서 8:14

누가 진정 하나님의 자녀인가? 성령님의 인도하심을 받는 삶을 사는 자이다. 얼마나 두려운, 그러나 중요한 말씀인가. 여기저기서 탄식 같은 것들이 터져 나왔다. 이미 이들의 영은 말씀 안에 열려 있었다. 그전엔 그저 그러려니 하는 말씀도 성령이 임하시면 말씀이 그 영에 부어지고 새겨진다. 살았고 운동력 있는 것들이 된다.

내 안에 계신 성령님이 나의 믿음과 순종과 낮아짐, 겸손 그리고 간구로 충만하여 나를 지배할 때, 그동안 묶여 있던 내 영과 더불어 말씀하실

때, 그것이 곧 방언이다행 2:4. 나는 그것을 나누었다. 그리고 성령님께 인도함을 받고 더불어 말하고 찬양하고 기도하기 원하는 사람은 나오라고 권했다. 늘 그렇지만 약간의 망설임이 있고 나서 우르르 쏟아져 나온다.

나는 간절히 안에 계신 성령님께 충만함을 구하라 했다. 이것이 참으로 중요하다. 성령님을 진정으로 경험하는 지름길은 믿음과 간절한 사모함이다. 그래서 자기를 주장하고 젠체하는 사람보다 돌쇠같이 자신을 내던지는 영혼들이 더 체험을 많이 하는 것이다.

성령님을 인격적인 하나님으로 믿는다면 그분과 더불어 말하고 싶다고 구하라 했다. 그러는 순간 여기저기서 방언들이 터져 나왔다. 그리고 순식간에 모두 하늘의 언어로 말하기 시작했다. 성령의 바람이 그 공간을 뒤덮는 것을 느꼈다.

얼핏 보기에 그들은 그저 순박하고 폼도 나지 않는 작은 모임에 불과하다. 고운 모양도 없는 청년 공동체이지만 기도하고 찬양하면서 나는 성령님의 강한 임재를 느꼈다. 정근이가 기타를 치며 함께 찬양하여 기름부음이 더했다.

완전하신 나의 주 의의 길로 날 인도하소서
행하신 모든 일 주님의 영광 다 경배합니다

성령님은 완전하신 주님의 영이시다. 이것을 믿을 수 있다면 성령님을 만나고 구하는 것이 얼마나 진지할 것인가! 우리가 진정 사모하고 뵙기 원하는 주님은 성령님을 통해 임하신다요 14:20. 이것을 깨달았을 때,

내 안에서 거대한 회개의 울음이 터졌다. 그동안 그런 성령님을 은사 정도로 치부하여 슬프게 한 것이다.

나는 무릎을 꿇고 그들과 같이 깊고 뜨거운 기도를 드렸다. 내 영이 더욱 낮아지고 점점 충만해져갔다. 성령님의 생수 속으로 깊이깊이 들어가는 것을 느꼈다. 우리는 한 성령 안에서 기도가 무엇인지 충만히 누렸다.

기도 가운데 다시 주시는 말씀이 있었다. 아무리 사명을 받고 성령님을 알고 사역을 하거나 오래 신앙생활을 해도 기도하지 않으면 능력이 없다. 기도 없이 변화와 하늘의 권능과 역사를 맛보기는 힘들다. 이 공동체가 비록 소박하고 풍채는 없으나 그동안 성령님을 갈망하여 뜨거운 기도를 해온 것이다. 그것이야말로 이들이 이처럼 깊어지는 힘이었다.

문득 주님이 생각났다.

무리를 보내신 후에 기도하러
따로 산에 올라가시다 저물매 거기 혼자 계시더니
마태복음 14:23

예수께서 나가사 습관을 좇아 감람산에 가시매 제자들도 좇았더니
누가복음 22:39

복음서에 보면 주님은 언제나 영혼을 구하고 말씀을 전하시기에도

바쁘셨다. 그렇지만 주님은 항상 한적한 곳에 가서서 기도에 힘쓰셨다. 놀라운 능력의 하나님의 아들이신데도 말이다.

때마침 나는 이 글을 이스라엘 예루살렘의 한 호텔에서 다듬고 있다. 예수님의 여정에 대한 다큐멘터리를 만들러 온 것이다. 이곳에 오기 전부터 나는 예수님이 기도하시던 곳에 꼭 가고 싶었다. 다른 유명한 성지보다도 주님이 홀로 기도하시던 그 현장이 너무나 그리웠던 것이다. 그러나 그 장소가 어디인지 어떤 자료에도 나오지 않았다.

"성령님, 가르쳐주세요. 예수님이 기도하시던 한적한 그 산이 어디인지…."

나는 계속 그렇게 구하였다. 그런데 예루살렘에서 성서고고학을 연구하는 어떤 학자의 책에서 그 장소가 '에레모스'Eremos라는 산이라는 것을 발견했다. 하지만 에레모스가 어디인지 어떤 지도에도 나오지 않았다.

"에레모스 산이 어디 있는지 알게 해주세요."

나는 아이처럼 그렇게 성령님께 구하였다. 그런데 갈릴리 호숫가의 숙소에서 구입한 이스라엘판 지도를 살피다가 거기서 '에레모스'라는 지명을 발견하고 깜짝 놀랐다. 그곳을 찾아가던 길에 벳새다를 지나 나는 무언가 주목해서 보게 되었다. 유럽에서 온 듯한 청년들이 내려오는 산언덕 위에 동굴 같은 것이 보였기 때문이다. 나는 급히 차를 돌리라고 하였다. 급히 찾아가본 그곳이 바로 에레모스였다. '에레모스'란 '한적한 곳', '빈들', '광야'라는 의미를 가진 헬라어였다. 주님이 늘 찾아가 기도하신 곳은 바로 그런 곳이다.

새벽 오히려 미명에 예수께서 일어나 나가

한적한 곳으로 가사 거기서 기도하시더니

마가복음 1:35

이 때에 예수께서 기도하시러 산으로 가사

밤이 맞도록 하나님께 기도하시고

누가복음 6:12

조금만 유심히 살피면 이런 구절들은 무수히 많다.

놀랍고 가슴 저미는 것은 대부분 주께서 이런 곳에 가실 때가 엄청
난 치유와 표적과 기사奇事를 베푸셨을 때라는 것이다. 사람들은 그 놀라
운 능력을 보고 주님을 찾아 몰려들었다. 우리 같으면 그들을 모아 더 큰
집회와 단체들을 조직했을지도 모른다. 더 많은 능력으로 사람들을 모으
려 했을지 모른다. 그러나 예수님은 늘 그들을 피해 '한적한' 산으로 올
라 가셨다. 거기서 아버지의 얼굴을 대하셨다. 주님도 기도하시지 않으면
승리할 수 없기 때문이다.

그는 육체에 계실 때에 자기를 죽음에서 능히 구원하실 이에게

심한 통곡과 눈물로 간구와 소원을 올렸고

그의 경외하심을 인하여 들으심을 얻었느니라

히브리서 5:7

그 산에 올라 기도하면서 나는 이 구절을 떠올리고 울컥하였다. 이 것이 이 산에서 기도하신 주님이 풍경이다. 비단 겟세마네에서만 그리하 신 것이 아니다. 밤이 맞도록 하나님의 뜻을 이루시기 위하여 성령님의 능력과 인도하심을 구하고 구하신 것이다.

능력의 주께서 이렇게 사셨다는 것을 생각하면 우리는 정말 회개에 자복을 더해야 한다. 기도하지 않으면 죽는다. 기도하지 않으면 우리 영 은 살은 듯하여도 하나님의 음성을 들을 수 없고 그 사랑, 능력을 누릴 수 없다. 특별히 하나님나라를 꿈꾸며 여러 사역을 하는 이들은 더욱더 기도 해야 한다. 죽지 않으려면 이를 악물고 주님과의 친밀함에 집중 투자해야 한다.

나는 여러 동지들이 하나님나라를 추구하지만 일이 잘 안 되고 막히 고 절망, 외로움, 자기연민과 아직 치유되지 않은 거절감과 열등감에 사로 잡혀 지쳐가는 것을 자주 본다. 그것은 당연히 날마다 깊이 기도하지 않기 때문이다! 주님을 구하지 않고 얄팍하게도 부르심에만 의존하거나 인간 과의 교제, 만남, 프로젝트를 통해 자기를 유지하려 하기 때문이다. 기도 하지 않으면 즉시 자기중심이 되고, 사탄이 가라지를 심어 은혜를 왜곡하 고 은혜를 서서히 소진한다. 그러면서도 자신은 인식조차 하지 못한다.

오늘 아침, 이 작은 공동체와 기도하면서 원초적인 '기도의 절박함' 을 다시 배운다. 기도는 하나님나라를 열고 성령의 능력 가운데로 들어가 게 한다. 이들은 순수하게 기도에 투자해왔기에 성령의 능력을 덧입었으 며 나조차도 오히려 은혜를 입었다. 같이 기도할 때에 내 영이 얼마나 깊이 들어가던지, 눈물이 나오고 회개의 영이 열리던지, 나는 겸허한 영혼이 되어 아버지 앞에 간구하였다. 우리에게 이 '하늘의 언어'를 나누어주심도… 더욱 성령님과 기도하게 하시려는 은혜라 믿는다.

깨어 기도해야 한다. 너무 당연해서 무어라 더 강조하기조차 힘들지만 기도 외에 방법은 없다. 주님을 본받아 이를 악물고 골방의 시간을 만들어야 한다. 주님을 만나고 그 친밀한 교제 가운데 들어가 아버지의 임재를 누려야 한다. 그렇지 못하면 죽음이다.

4
아버지는 다 아신다

경북 군위에 갔다. 그동안 방송 촬영이나 집회 때문에 전국을 떠돌 았지만, 솔직히 군위는 처음 가보는 곳이다. 군郡 전체 인구가 2만 명 남 짓, 한국에서 가장 작은 지역이라고 집회 후에 장로님들이 알려주었다. 그 지역 10개 성결교회가 연합하여 집회를 마련한 것이다.

늦은 오후, 90년에 가까운 전통을 가진 군위 성결교회에 400명이나 되 는 성도들이 모여 들었다. 찬양을 하는데 찬송가 일색이 아니라 뜨겁고 세 련된 찬양이 터져 나왔다. '성령의 불'을 이토록 사모하는 곳도 처음 본다.

오랜만에 그 옛날 뜨거웠던 부흥회에 온 기분이 들었다. 그것도 이토 록 외진 풍경에서…. 나를 키운 건 4할 정도가 부흥회였다. 70년대 중고등 학교 시절, 수많은 부흥회를 쫓아다니며 성령의 불에 데었던 추억들….

원시적인 그 추억과 충동이 마구 솟아나는 분위기에 더하여 이미 군 위교회 담임 목사님이 찬양으로 불을 지펴 놓으셔서 나도 덩달아서 뜨거 운 메시지를 쏟아 놓아야 했다. 1시간가량 메시지를 전했는데도 어느 성 도 하나 미동도 하지 않고 집중해서 들었다. 쉬운 일이 아니다.

찬양과 기도를 하기 시작하자 정말 얼마나 뜨거운지 그대로 지속하 면 모두가 불을 받을 것 같았다. 나도 덩달아 온 몸이 달아올랐다. 그리고 성령님과 더불어 말하고 기도하기 원하는 분들을 초청했다. 많은 이들이 나왔는데, 중장년은 물론, 노인과 청소년과 어린 아이들까지 많이 나왔다.

역시 시작하자마자 강력한 방언들이 쏟아져 나왔다. 나 역시 성령으로 충만해졌고 여기저기서 주님의 만지심을 눈으로 확인할 수 있었다. 그대로 50여 분간 방언기도와 영의 함성 같은 절규들이 울려 퍼졌다. 성도들의 반응도 놀랍고 회열이 넘쳤다.

집회를 마치고 집회를 주최한 목사님과 식사를 하면서 이런 말을 들었다. 목사님은 작년부터 성령사역을 해야 한다는 강력한 열망이 있었다고 한다. 보수적인 시골 교회인 것을 감안해서 조심스럽게 사역해나가는 가운데 영적 체험도 나타나고 방언을 받는 이들도 간간히 나왔다는 것이다. 그렇지만 목사님의 소망은 교인 전원이 방언을 받았으면 좋겠다는 것이었다. 이런 목회자를 만나는 것은 드문 일이다.

그런데 대구에 집회를 갔다가 어느 목사님이 《하늘의 언어》라는 책을 가지고 있는 것을 보았고, 순간 그것이 방언에 대한 책임을 직감했다고 한다. 그래서 사려고 메모까지 해두었는데, 교회 청년부 자매가 《하늘의 언어》를 잔뜩 사가지고 와서 읽으라고 주더란다. 이런 신기한 일이…. 자매는 작년 말, 찬양 사역을 하는 후배 도현이가 그 교회 집회를 다녀온 후에 〈제3시〉 www.3-rd.net 사이트에 자주 접속하여 새로운 소식을 목사님께 알려주곤 했다고 한다.

다들 《하늘의 언어》를 읽고 있을 때 이웃한 성동교회 목사님 역시 이 책을 읽으시고는, 그렇다면 연합해서 김 감독을 초청했으면 좋겠다는 말을 꺼내셨다는 것이다. 무언가 주님의 뜻이 있다고 생각했지만, 목사님은 내심 내가 이런 시골까지 올 거라고 믿지 않았단다. 성동교회 목사님이 메일을 보내겠다고 하자 그러라고 했는데, 선뜻 내가 가겠노라 응했던 것이다.

그때 나는 이 《하늘의 언어》를 주로 지성적인 복음주의자들이나 청년들에게 나누려고 했다. 나같이 하나님나라에 관심이 있으나 성령님의 능력과 실제를 알지 못하는 이들이 기름부음을 받으면 큰 변화를 가져오리라 여긴 것이다.

그런데 주님의 생각은 내 생각과 다르셨다. 규장에서 기도할 때 오히려 저 시골 변방의 목회자와 성도들에게 집중해서 이것을 나누라는 말씀을 들었다. 그리고 그날 밤 군위에서 온 메일을 받았다. 나는 이것이 주님의 응답이라 확신했다. 그래서 낯선 그 땅에 기꺼이 가기로 한 것이다. 그렇지 않았다면 목사님의 예상대로 '군위'라는 낯선 곳의 집회 요청을 쉬이 수락하지 않았을 터….

그러나 목사님은 단 두 교회 연합이 아닌 군위 지역 전체로 연합해야겠다 마음먹고 내게 연락하려 했으나 내 전화번호를 몰랐다. 그 때 《하늘의 언어》를 전해준 그 청년 자매가 내 번호를 안다면서 알려주었다는 것이다. 그렇게 하여 나는 목사님과 통화까지 하고 이 집회에 오게 된 것이다. 그리고 그 교회 교인 거의 모두가 소원대로 방언을 받았다.

나는 정말 감사하고 감사했다. 우리 아버지가 성령님을 통하여 이 일을 이루신 것이다. 집회를 모두 마치고 풀벌레 소리 가득한 여름 수풀 언저리를 서성이며 주님의 그 사랑을 생각했다. 한국에서 가장 작은 외진 지역에서 사역하는 목회자의 갈망도 전능하신 아버지는 다 헤아리고 계신다. 그것을 위해 아버지는 여러 일들을 합력하여 선善으로 나타나게 역사하셨다. 그렇게 애쓰시는 분이 바로 우리 아버지시다.

그분은 우리가 어디 있든지, 아버지를 믿고 소망하며 꾸는 하늘의 꿈들을 다 기억하시고 이루어주신다. 이 소망이 얼마나 우리에게 힘이 되고 능력이 되는지, 나의 이기적인 욕망을 위한 것이 아니라 그 나라를 소망하는 것이라면 하나님은 반드시 역사하신다. 이 소망은 우리가 더더욱 성령님을 구하게 할 것이다.

하나님은 이 땅 구석구석에서 옛날처럼 성령의 바람과 불길이 타오르기를 소망하고 계신다. 아무리 돌아다니고 추구해봐도 성령님의 역사가 없으면 재미도 열매도 없다. 이 세상의 무수한 일들과 길들을 찾아다녔으나 성령님을 통한 하늘의 여행만큼 짜릿한 흥분과 충일함을 주는 것은 없다.

나는 그 성령의 태풍이 이 한반도 전역을 휩쓸 그 날을 날마다 기도하고 있다. 그리고 그 역사는 이미 시작되었다. 이 작고 외진 동네에서 이제 나타날 부흥…. 세상에서 작고 외진 곳들, 지극히 작은 자들을 찾아 주님처럼 섬기고 함께 부둥켜안고 성령 안에서 하나님나라를 꿈꾸는 일….

그것이 내 하늘 여행 프로젝트다.

5
창세전에 예비된 나라를 상속하라

경기도 수지의 지구촌교회 금요 철야집회를 다녀왔다.

이른 아침 길을 걸으며 기도하였다.

"성령님, 저를 모든 진리 가운데로 인도해주세요. 창세전에 아버지가 예비하신 그 역사, 그 아름답고 놀라운 은혜의 풍경 속으로 저를 인도해주세요. 오늘 아버지가 기뻐하시는 일들을 저의 작은 충성을 통해 이루소서."

방배동 골목길을 들어설 때는 내 영이 너무 강하게 반응하여 방언이 저절로 나와, 나는 휘청대듯이 걸어야 했다. 선선한 가을날이었지만 옷은 진한 땀으로 젖었다.

나는 그 믿음을 가지고 있다. 오늘 집회에 아버지는 당신이 만지실 영혼들을 불러 모아주실 것이다. 내가 알지 못하는 무수한 소원과 갈망을 가진 사람들…. 내가 아버지의 기쁘신 뜻을 구할 때 아버지는 그들을 불러 모아서 성령님을 통하여 그들을 치유하시고 만지시고 회복하실 것이다. 그 확신을 가지고 나는 더욱 간절히 기도하였다.

방배동 버드나무에 도착하자마자 전화가 왔다.

"모든 방언을 다 구사하는 사람을 알고 있습니다."

《하늘의 언어》를 읽었다는 그는 방언에 대한 매우 신기한 얘기들을 풀어놓기 시작했다. 너무나 진기하고 특이해서 처음에는 나도 이것이 오늘 기도의 응답인가 하였다.

"성령님, 저를 모든 진리 가운데로 인도해주세요."

날마다 그것을 구하지만 오늘 더욱 간절히 그것을 구했다.

진리의 성령이 오시면
그가 너희를 모든 진리 가운데로 인도하시리니
요한복음 16:13

언젠가 하나님나라의 전략을 구했을 때, 주님은 이 말씀을 강렬하게 깨닫게 하셨다. 진리는 무엇인가?

예수께서 가라사대 내가 곧 길이요 진리요 생명이니
나로 말미암지 않고는 아버지께로 올 자가 없느니라
요한복음 14:6

곧 우리 주님이 내가 구하는 모든 길이요 진리요 살리는 근원이시다. 그런데 그 능력과 원천 가운데로 나를 인도하시는 분은 성령님이시다. 나는 아버지의 나라와 의義를 지향하는 모든 영역에서 그 안내자이신 성령님을 날마다 구하기 시작했다. 놀랍게도 "성령님, 모든 진리 가운데로 나를 인도해주세요"라는 이 단순한 간구가 측량 못할 아버지의 섭리로 나를 이끌었다. 나는 그 길에서 방언에 대한 더 깊은 본질과 능력을 구했다.

그런데 그 사람이 전화를 해온 것이다. 처음엔 성령께서 길을 여신 건가 하는 생각이 들었다. 그러나 그는 매우 겸손한 듯하나 신비한 척 폼을 잡으며 말했다. 방언으로 서로 진리를 논할 수 있으며 영계靈界에 들어가 예수님을 만났다는 것이다. 처음엔 호기심을 가졌으나 약간 이상한 기분이 들었다. 사모하는 주님을 만났다는데도 뭔가 영적인 자유가 느껴지지 않았다.

"예수님이 곧 유일한 길이요 진리요 생명이심을 믿습니까?"

내가 이런 질문을 하리라고는 나도 생각지 않았다. 그는 멈칫하더니 이내 이렇게 말했다.

"아, 나는 이미 교회를 초월한 사람이요…. 다만 《하늘의 언어》를 읽고 같이 영으로 대화를 해보고 싶었습니다."

그는 계속 신비하고 엄청난 얘기를 했지만 나의 답은 명확했다.

"예수님을 구세주로 다시 회복하시고 믿으세요. 그렇지 않으면 지옥 갑니다. 예수님을 구주로 믿지 않으면 아무리 신비한 체험을 해도 소용없습니다."

나 자신도 놀란 강한 어조의 말이었다. 그는 답을 하지 못했다. 전화를 끊은 후 기분이 안 좋았다. 그때부터 온종일 몹시 피곤하고 여러 사소한 영적 공격이 있었다. 저녁에 있을 집회를 방해하는 세력이 그러는 거다. 이것은 너무 당연한 현실이다.

이 공격을 그냥 방치해두면 안 될 것 같아 작업실 근처 공원으로 나가 기도했다. 그러자 다시 영이 맑아지며 성령님의 임재가 느껴졌다. 그 가운데 선연히 떠오르는 말씀이 하나 있었다.

무익하나마 내가 부득불 자랑하노니 주의 환상과 계시를 말하리라
내가 그리스도 안에 있는 한 사람을 아노니
십사 년 전에 그가 셋째 하늘에 이끌려 간 자라
(그가 몸 안에 있었는지 몸 밖에 있었는지
나는 모르거니와 하나님은 아시느니라)

고린도후서 12:1,2

바로 바울의 간증이다. 무익하지만 어떤 영적인 교훈을 나누기 위해 '부득불(不得不 어쩔 수 없이) 나눈다는 것이다. 셋째 하늘까지 가서 엄청난 체험과 환상과 계시를 받았지만 그는 그것을 14년이 지난 후에야 겨우 꺼내놓고 있다. 그것도 '무익하지만'이라는 단서를 붙여서.

오늘 이런 사람을 어디서 만날 수 있을까? 어떤 체험이나 예언이나 역사도, 자기를 홍보하고 조직을 위해 적극 나타내는 시절이다.

그러므로 내가 그리스도를 위하여
약한 것들과 능욕과 궁핍과 핍박과 곤란을 기뻐하노니
이는 내가 약할 그 때에 곧 강함이니라

고린도후서 12:10

그런 시절에 바울은 이런 것들을 자랑하고 있다.

순간 등불 하나 켜지지 않은 마을처럼 나의 심연心淵이 아득한 슬픔에 젖었다. 왈칵 눈물이 솟고 바울의 지난한 십자가의 길이 느껴지는 듯하였다. 난 이렇게 중얼거렸다.

"그리스도를 위하여… 나의 약한 것들을 자랑하리라."

낮의 일들은 훌훌 털어버렸다. 잠깐이지만 울고 나니 마음이 후련하고 즐겁기까지 했다.

우리가 하나님나라를 구하고 아버지의 기쁘신 역사에 순종과 충성을 다하려 할 때, 그것을 싫어하고 방해하는 세력이 반드시 있다. 온전한 영 분별이 없으면 쉽게 흐트러지고 본질이 아닌 것에 천착한다. 그래서 성령님이 주시는 은사 가운데 '영 분별'이 있는 것이다. 진정한 분별은 진리 위에 서는 것이다.

나는 속으로 계속 아버지의 기쁘신 뜻이 이루어지기를 구했다.

저녁에 갓피플 조한상 사장과 막히는 길을 뚫고 찾아간 지구촌교회, 본당이 거의 찼고 찬양은 기름부음이 넘쳤다. 최근 《하늘의 언어》를 읽고 방언과 방언찬양 그리고 성령님의 역사를 더욱 경험한다는 김영표 목사 팀의 찬양이 차분했던 내 영혼을 점점 고조시켰다. 김 목사가 이 집회를 위해 기도할 때 주셨다는 찬양을 부를 때는 더더욱 영혼이 절절해졌다.

성령 하나님 사랑합니다.

내게 은혜 주셔서 새로운 삶 주신 주

정직과 감사 회복하시사
주를 믿는 나의 삶 능력 있게 하소서
기름부으소서 아버지 마음
날마다 부으소서 충만케 하소서
부으신 성령의 기름 순종의 삶 되어
십자가 지신 주를 따라가게 하소서

－〈기름부으소서〉

얼마 전 사람 좋은 조한상 사장이 김영표 목사와 만나 교제하기를
청했다. 〈예수원 가는 길〉이란 찬양 음반으로 잘 알려진 그는 찬양 사역
자 학교를 운영하는 순수한 형제다(그 후 그는 《죽기 살기로 성경읽기》(규장 刊)라
는 책도 썼다). 그는 성령님과의 교제 가운데 주신 잔잔한 감동을 적어 찬양
을 만들었다고 한다. 진정 성령님이 기름을 부으시고 인도하시는 그 길은
십자가의 순종의 길이다. 주님이 가신 길이다.

나는 그 가사에서 주님을 생각하며 울컥하는 마음을 달래었다. 얼마
후 누군가 내 어깨를 꽉 만지며 격려했는데, 규장의 여진구 대표였다. 그
가 환한 얼굴로 말했다.

"오늘 일이 터지겠는데요?"

실로 1,000여 명이 넘는 사람들이 모여 찬양을 드리는 그 기운만으
로도 하늘 문이 열린 듯하였다. 나는 힘을 내어 다시 기도했다.

"아버지, 당신의 기쁘신 뜻을 이루소서. 성령님, 모든 진리 가운데로
인도해주세요."

이 얼마나 단순하지만 강력한 기도인가! 이제 남은 건 충성이요 순종이다.

평소보다 무려 5배 이상 많은 성도들이 각지에서 참석했다고 한다. 지구촌교회는 매우 복음적이고 지성적이다. 나는 고등학교 때부터 이동원 목사님의 설교를 좋아했다. 특히 친구들과 자주 목사님 성대모사를 하여 웃음을 자아내곤 했다. 그날도 내가 성대모사를 하자 성도들이 놀라며 웃었다. 그렇게 존경하던 목사님이 담임하시는 교회에서 내가 집회를 하리라고는 상상도 못했다. 그래서 이들에게 성령님에 대하여, 방언에 대하여 나눈다는 것이 약간 조심스럽기도 했다. 처음엔 다른 간증을 할까도 생각했다. 그러나 단에 오르자 내 안에서 저절로 메시지들이 터져 나왔다.

말씀을 전하는 중간에 김영표 목사가 얼마 전에 들려준 이야기가 갑자기 튀어나왔다. 그가 고등학생 시절, 그의 어머니는 루프스Lupus라는 병을 앓고 계셨다고 한다. 병원에서는 더 이상 가망이 없다고 했단다. 그러던 어느 날 이웃 교회에서 기도하시는 권사님 몇몇 분들이 집에 찾아오셨다.

"방에서 이상한 소리가 나도 놀라지 마라."

그 분들은 어린 영표에게 그렇게 말하고는 방으로 들어가 어머니를 위해 기도하셨다. 그런데 그 소리가 마치 남자의 거친 목소리 같고 매우 기이한 분위기여서 충격적이었다는 것이다. 방언으로 거칠게 영적 전쟁을 치르신 것이다.

해가 뉘엿뉘엿 넘어갈 때쯤, 그 분들이 기도를 마치고 나오시며 "어머니 모습을 보고 놀라지 마라" 하고 가버리셨다. 나중에 방에서 나오신 어머니의 머리는 하늘로 솟아 있었고 그 모습이 너무나 안 좋은 인상으로 남아, 자신도 후에 방언을 받았지만 방언에 대한 이해를 깊이 하는 데 방해가 되었다는 것이다.

그러다가 최근 조한상 사장이 《하늘의 언어》를 주어서 읽고 난 후에 성령님을 곡해한 것을 회개하고 방언을 깊이 하기 시작했는데, 그로부터 교회에서 찬양을 인도하다가 성도들이 한순간에 방언 찬양에 들어가는 놀라운 경험을 했다는 것이다. 그는 자신 안에 거하시는 성령님을 깊이 누리고 있었다.

나 역시 그 이야기를 듣고 나서 깊이 회개했다. 나 또한 과거 어른들의 거친 방언과 체험에 회의를 느낀 나머지 섣부른 판단으로 성령님의 역사에 문을 닫아버린 어리석고 극악한 종자種子였기 때문이다. 과거 방언을 한 분들이 가이드guide 없이 또는 연약함으로 치우친 감이 없지 않았으나 그 분들의 그 간구로 이루어온 한국 교회의 역사를 함부로 판단할 수는 없다.

영적인 역사에는 우리가 이 세상의 지성이나 세련되게 포장한 무엇으로는 이해할 수 없는 영역이 있다. 김영표 목사의 어머니는 그 기도로 치유되었다고 한다. 현대 의학이 불가능하다고 하는 그것을 강하고 거칠고 이상한 소리를 내는 기도로 고친 것이다. 이런 역사는 헤아릴 수 없이 많다.

엄청난 영적 전쟁터에서 음부陰府의 권세와 싸우는데 친절하고 지성적이며 세련된 무엇으로 할 수는 없다. 그것은 호통과 선포와 투쟁이다. 어린양 예수님만이 아니라 유다 지파의 사자獅子가 임하셔야 하기에 강하고 거칠게 포효하는 용맹도 동반되는 것이다. 그것을 외적인 모습으로 판단하기만 한다면 얼마나 어리석은가. 그것이야말로 십자가를 저주의 상징이라는 외형만 보는 것이다.

하나님의 나라는 외모를 보지 않고 그 중심(영)을 보는 것이다. 방언도 결국 우리의 지성과 혈육의 것을 내려놓고 오직 성령님께 자신을 맡기는 순종이다. 그 순종 없이는 세상이 보기에 헛소리 같고 야만의 소리 같은 이 기도를 계속하기 어렵다. 나도 그것을 처절히 공개 회개하였다.

"과거 우리의 어머니 아버지, 그 영적 선배들이 미국의 은사주의나 성령 사역자들이 아닌 성령님을 통해 직접 배운 그 영적 전쟁, 비록 세상에 알려지지 않았으나 그 분들이 수행한 그 거친 영적 전쟁 덕에 지금 우리가 있는 것입니다. 그것을 함부로 판단했음을 회개합니다."

여기저기서 탄식과 아멘이 터져 나왔다. 내가 바로 어쭙잖은 지성으로 그것을 무시했고 성령님의 역사를 알지 못했던 것이다. 결국 나는 그들에게 성령님과 더불어 동행하고 말하기를 소망하는 이들은 나오라고 초청했고 순간 잠시 망설임이 있더니 엄청난 사람들이 쏟아져 나오기 시작했다.

정말 많은 이들이 나와서 정작 놀란 것은 나였다. 강단을 메우고 통로까지 가득 차서 기도하는 가운데 수많은 이들이 방언을 받았다. 성령님의 바람이 휩쓸고 지나가는 것을 몸으로 느낄 수가 있었다. 나는 아버지가 이 간구를 통해 방언만이 아닌, 내가 미처 확인하지 못한 측량 못할 치유와 회복과 역사를 이루셨다고 확신한다. 나는 그것을 굳게 믿는다. 우리 아버지는 그렇게 하고도 남을 놀라운 분이시다.

그날 성령세례와 방언을 받고 치유되고 변화된 이들의 소식을 여럿 들었다. 그러나 실제로 그보다 더 많은 이들이 아버지의 사랑을 경험했을 것이다.

탈진해서 집으로 돌아왔지만 마음은 담담하였다. 정말 격정적인 밤이었다. 그러나 이 모든 일은 주님이 하신 것이다.

'내가 그리스도를 위하여 나의 약한 것들을 자랑하리라!'

내 안에서 이 말씀이 자꾸만 새어 나오고 있었다.

다음날 잠을 거의 자지 못하고 이른 아침 양재동 햇불회관 앞 '아버지 학교'에 갔다. 인터넷에 올라온 강의 제목은 '아버지와 문화'였지만 도착해서 본 순서지의 제목은 '오직 성령이 임하시면'이었다.

나는 속으로 '성령님, 알아서 말씀해주세요'라고 기도한 뒤 올라가 간증했다. 막연히 어린 시절부터 간증을 풀어 나가는데 놀랍게도 주시는 말씀이 있었다. 특히 내가 음부의 골짜기를 통과하고 영상을 하게 되면서 주께 받은 말씀, 마태복음 25장의 그 마지막 설교… "지극히 작은 자 하나를 섬기는 것이 곧 주님께 한 것"이라는 대목에서, 때마침 매우 색다른 관점이 눈에 들어왔다.

지극히 작은 자들을 주께 하듯 섬기는 자들에게는 놀랍게도….

창세로부터 너희를 위하여 예비된 나라를 상속하라

마태복음 25:34

나는 전율하듯 놀랐다. 내가 늘 구하고 걸어가는 이 여행이 바로 그 나라인 것이다. 창세전에 아버지가 예비하신 그 나라, 그 놀랍고 아름답고 측량 못할 사랑의 나라, 우리 주님이 오셔서 모범으로 보여주신 그 나라, 나는 이 나라가 성령의 기름부음으로 일어나는 '희년'禧年의 역사임을 다시 깨달았다.

눈멀고 갇히고 아프고 묶이고 상처투성이인 상한 갈대와 꺼져가는 등불들…. 성령의 기름부음이 임할 때는 그들을 아프게 하는 지배와 구조와 형식들이 해방되어 희락의 찬양과 감사가 넘치는 나라가 되는 것이다.

"여러분, 진정한 기독교 문화가 무엇인지 아세요? 어떤 영상이나 음악이나 그런 것을 기독교적인 형식으로 표현했다고 해서 그것이 기독교 문화라는 생각은 얼마나 어린 것인지요. 그것은 문화라기보다 그 형식일 뿐입니다. 진정한 문화의 회복은 사도행전 1장 8절에 오직 성령이 오셔서 우리가 권능을 받고 우리 삶의 모든 영역에서 주님의 증인이 되는 것, 창세전에 아버지가 예비하신 그 나라를 선포하고 경험하는 것입니다!"

나는 갑자기 엉뚱하지만 멋진 말을 쏟아 내었다.

"온 가족이 성령님과 더불어 방언을 하며 그 막힌 것을 뚫어내고 그 배에서 생수의 강이 흘러나는 것을 경험하는 것, 우리 삶의 모든 영역을 성령님의 인도하심에 맡기고 복종하는 것, 그것이 진정한 기독교 문화입니다."

가이사Caesar의 것을 흉내 내는 것이 아니다. 세상이 보기에 볼품없고 흠모할 만한 풍경이나 모습이 아니라도, 오직 진실과 잃어버린 한 영혼을 찾아 자신을 드리는 그 순종, 그 영의 역사를 알고 영이신 아버지를 향해 진정한 예배를 드리는 그 충성을 우리 삶의 모든 영역에서 경험하는 것이다.

강의 시간이 5분 정도 남았지만, 나는 결국 그 아침에 성령님을 만나기 원하는 이들을 초청하였다. 사실 그렇게 하지 않아도 충분했다. 이미 말씀만으로도 충분한 은혜를 나누었기 때문이다. 그러나 이 모임은 아버지들만 아니라 누구에게나 오픈된 것이었다. 여기저기서 소문을 듣고 온 어머니들도 있었다. 이중에 단 한 영혼이라도 성령님을 만나 주님이 치유하시고 만지실 수만 있다면 나는 이 부담을 감내하리라는 마음이었다. 그렇게 초청하였는데 역시 놀랍게 많은 이들이 나와 성령 충만을 구하는 뜨거운 기도를 하였다.

그런데 그때 갑자기 마이크가 나가버렸다. 전날의 집회로 이미 목이 쉬어버린 나는 마이크 없이는 기도를 인도하기가 힘겨운 형편이었다.

"이놈의 음부의 세력들…."

오기가 발동한 나는 더욱 강하게 독려하며 기도했다. 하나님의 나라를 가로막는 세력이 있다. 하지만 거기에 당하고 살 필요가 없다. 나는 더욱 간절히 그들과 기도하였다. 그 자리에 나온 모든 이들이 다 방언으로 기도했고 억누를 수 없는 격정으로 처절히 우는 아버지 어머니들이 여럿 있었다. 생각지도 못한 풍경이었다.

집회를 마치고 그 자리에 참석한 어머니들이 자기 자녀의 여러 문제를 가지고 나와 기도를 부탁하였다. 영적인 공격이라고 할 수밖에 없는 가슴 아픈 사연들이 너무나 많았다. 나의 마음에 생채기를 내듯 그 일들이 아프게 느껴졌다. 나는 이런 이들에게 성령님과 더불어 기도하는 방언이 얼마나 유익한지 또 한번 절감하였다. 그들과 함께 다시 방언으로 기도할 때 주님의 영이 함께하시는 것을 깊이 느꼈다.

우리 영의 사정은 우리 자신도 깊이 알지 못한다. 그러나 우리 안에 계신 성령님은 모든 것을 아시고 우리와 더불어 연약한 우리의 문제를 말할 수 없는 탄식으로 기도해주신다. 우리가 그분께 의탁하고 같이 기도해주시기를 구하는 그것이 방언이다. 나는 그들과 기도하면서 내 영이 아파하고 흔들리는 것을 보았다.

내가 그리스도를 위하여 약한 것들과
능욕과 궁핍과 핍박과 곤란을 기뻐하노니
고린도후서 12:10

다시 이 말씀이 생각났다.

언제 즈음에야 이런 수준에 도달할 것인가? 그것이 어려운 것은 아니다. 그것을 그저 기뻐하면 되는 것이다. 그 후 몇몇은 그 아침 모임을 통해 큰 변화와 치유가 있었다는 메일을 보내왔다. 나는 잠잠히 하나님께 감사하였다.

현재 나의 순종은 이 '성령님의 임재'와 '하늘의 언어'를 나누는 것이다. 내가 택한 것이 아니더라도 나는 여기까지 온 것이다. 가끔은 다른 무엇을 하고 싶기도 하다. 솔직히 나는 하고 싶은 것이 참 많다. 주님이 홀로 걸어가신 그 외진 길들과 광야에 카메라를 들고 서는 것이 내가 가장 하고픈 일들이다. 그러나 맡은 자들에게 구할 것은 충성뿐이다. 주님이 다른 무엇을 맡기실 때까지 이 '하늘의 언어' 프로젝트에 충성해야겠다고 오늘 아침 길을 걸으며 생각했다.

그 지순한 순종, 지극히 작은 자 하나를 품고 가는 그 진실한 여행이 창세전에 예비된 아버지의 나라를 상속받는 길이다.

6
진리의 지식

오늘은 참 감사하다. 아니 오늘도 더욱 감사하다.

이른 새벽에 홍제동 H 교회에 갔다.

그 교회 목사님이 한 달 전쯤 내 책들을 읽으시고 내게 급히 전화를 하셨다. 전 교인에게 이 놀라운 하늘의 언어를 받게 하고 싶은데, 먼저 장로님들이 받으시고 난 다음 성도들이 받으면 좋겠다는 것이다.

나는 그 말에 매우 끌렸다. 교회 장로님들이 모두 방언을 하는 풍경이란!

"장로님들이 그러시겠다고 하셨나요?"

의구심에 물었다.

"이미 책을 읽고 계시고… 마음을 여셨습니다."

그래서 가게 된 것이다.

어제 오후에는 갈현동 S 교회에서 무려 3시간의 집회를 했다. 나를 초청한 청년부 목사님이 청년들을 데리고 내가 인도하는 목요 기도회에 오시기도 해서, 나는 당연히 성도들이 《하늘의 언어》를 읽고 초청했으리라 생각했다. 한동안 〈가난한 자〉를 나눴고, 그 다음으로 〈애통하는 자〉와 〈부흥의 여정〉을, 최근엔 주로 '하늘의 언어'를 나누고 있었기 때문이다.

교회에 도착하자마자 말씀을 전해야 했다. 나는 혈육血肉이 아닌 성령님과 더불어 사는 삶에 대해 강하게 전했다. 곧이어 성령님과 더불어 기도하기 원하는 이들을 초청했다.

청년 집회인데도 어른들이 많이 오셨다. 나와서 같이 기도하고 성령님을 만나고 방언을 받았다. 암에 걸린 집사님, 뇌성마비 형제, 장로님, 청년들, 통곡하는 이, 하나님의 사랑에 겨워 춤을 추시던 권사님, 온 몸을 흔들며 처절히 기도하시는 목사님, 울고 웃고… 무려 1시간 넘게 그렇게 성령 안에서 기도했다. 정말 뜨거운 성령의 시간이었다.

그런데 집회를 마치고 나서 다른 목사님이 "저는 감독님이 팔복에 대해 나누실 줄 알았어요. 성도들도 그걸 기대하고 왔을 텐데…"라고 하시는 것이 아닌가. 놀란 건 오히려 나다. 내가 이런 집회를 인도하리라고는 전혀 생각하지 못했고 《하늘의 언어》를 읽은 이도 많지 않았다니…. 그런데도 아버지는 놀랍고 아름다운 은혜를 강력히 부어주셨다. 그러면 감사한 것이다.

비몽사몽으로 뒤척이다 새벽에 일어나니 목이 쉬어 있다. 택시를 타고 홍제동으로 가며 오늘도 아버지가 인도해주시기를 기도했다. 잔잔함 가운데 큰 은혜를 주실 것이라는 감동이 밀려왔다. 도착하니 아직 새벽기도도 끝나지 않았다. 그 뒤편에서 오늘도 성령께서 기름부어주시기를 간절히 구했다.

목사님 방에서 장로님들과 만났다. 왠지 약간은 긴장이 되었다. 그러나 한결같이 인자한 표정과 그윽이 바라보시는 모습들이다. 찬양을 했고 이미 《하늘의 언어》를 읽으신 분들이기에 성경을 읽으며 다시 정리하는 시간을 가졌다.

> 내 백성이 지식이 없으므로 망하는도다
>
> 호세아서 4:6

요즘 이 말씀이 내게 강하게 자리하고 있다. 우리는 열심이 있고 다른 누구보다 충성이 있다. 주님을 위해 살기를 꿈꾼다. 그러나 그 열심만으로는 안 된다. 하나님나라의 의義, 진정한 하나님나라와 진리의 지식이 없어서 아버지가 예비하신 능력과 영광의 기업을 누리지 못하고 초라히 사는 것이다.

어제 집회한 교회에서도 외쳤다.

"우리가 진정한 지식이 없어서 하나님나라의 본질, 그 역사, 성경에 대한 이해가 없어서 이렇게 음부의 권세에 조롱당하고 사는 겁니다. 오늘 성령님이 임하시어 우리가 권능을 받고, 진리의 성령님께 구하여 죽어라 말씀을 파서 그 영의 지식을 획득해야 합니다."

> 우리가 어떻게 하여야 하나님의 일을 하오리이까 …
> 하나님의 보내신 자를 믿는 것이 하나님의 일이니라
>
> 요한복음 6:28,29

나는 이 성경의 지식으로 하나님의 일이란 다름 아닌 주님을 온전히 믿는 것임을 알았다. 그분이 우리 삶의 모든 것의 주인이요 그리스도시라는 것을 믿을 때 아버지의 일이 나타난다. 그 후로 나는 더욱 주님을 잘 믿기 위해 간구했다. 성령의 은사 중에 '믿음의 은사'가 있다. 지식은 놀라운 일이다. 나는 이 말씀을 발견하고 매우 흥분하였다.

'성령의 은사가 예언이나 치유, 방언만이 아니구나!'

이 얼마나 무식한 것인가! 그만큼 성경을 정확히 읽지 않고 관심을 두지 않은 것이다. 우리 시대의 가장 큰 문제는 성경에 집중하지 않는 것이다. 그렇게 엄청난 영적 갈증과 부흥에 대한 담론과 영적 전쟁들을 치르면서 정작 성경이 그 준거準據가 되지 않는 것이다. 마치 이방인들처럼 고작 세상의 컨텍스트context와 원리가 그 기저基底일 뿐이다.

아무튼 나 역시 마흔이 넘어 성령님의 은사들을 살피다가 거기에서 "다른 이에게는 같은 성령으로 믿음을"고전 12:9이란 말씀을 발견하고 놀란 것이다. 그런데 그것이 너무 강렬하게 내 영혼을 파고들었다. 나는 다른 어떤 은사보다 그것을 구하고 싶어졌다. 그런데 주변을 둘러보고 물어봐도 믿음의 은사를 중요시하고 구했다는 이들이 드물었다.

오직 나의 의인은 믿음으로 말미암아 살리라

히브리서 10:38

믿음이 없이는 (하나님을) 기쁘시게 못하나니

히브리서 11:6

이 말씀과 함께 나는 성령님이 주시는 그 믿음을 구하는 것에 집중하였다. 성령님의 능력에 대한 그 어떤 체험보다도 '하나님을 기쁘시게 하고 싶어서'다. 그런데 정말 그것을 구하기 시작하자 여호수아의 담대함 같은 것이 내 영에 부어지기 시작했다. 사람이나 환경을 두려워하지 않고 의식치 않는 담력이 부어진 것이다.

그것은 거기에 머물지 않고 정작 구하지도 않은 성령님의 능력까지 배가시켜주었다. 후에야 그 이유를 알았다.

> 너희에게 성령을 주시고 너희 가운데서
> 능력을 행하시는 이의 일이 율법의 행위에서냐 듣고 믿음에서냐
> 갈라디아서 3:5

정말 많은 이들이 간과하는 것이다. 성령님의 능력은 우리의 애씀과 어떤 프로그램, 방향에 있는 것이 아니라 오직 하나님에게서 나오는 그 믿음을 통해서 열린다. 어쩌면 하나님의 나라는 참 단순하다. 성령님이 주시는 하늘의 지식이 임하면 놀라운 변화를 이룬다.

하나님이 나의 목자가 되시니 내가 부족함이 없으리라시 23:1는 그 지식이 얼마나 나를 자유롭고 풍요롭게 했는지 모른다. 나를 지으신 아버지는 사망의 음침한 골짜기에서도 내게 '밥상'을 베푸시는 분이시다. 그것을 믿기에 환난이 와도 아버지를 신뢰한다.

천지를 창조하신 전능하신 하나님이 내 안에서 행하고 계시며 당신의 기쁘신 뜻을 위해 내 안에서 소원을 두시고 역사하신다빌 2:13는 지식

이 상상 못할 문들을 열어갔다. 이 말씀의 지식은 언젠가 대구에서 집회를 마치고 오는 고속열차KTX 안에서 성령으로 충만하여 "아버지가 가장 이루시기를 기뻐하시는 그 역사를 이루는 말씀과 전략을 주세요"라고 구했을 때 열어주신 것이다.

이것은 엄청난 말씀이었다. 이것을 날마다 구했을 때 일본이 열리고 이스라엘이 열렸다. 수많은 동지들과 그 열방에서 상상 못할 결실들을 거뒀다. 이 진리의 지식의 기초가 그것을 이루었고 그것은 진리의 성령님이 깨닫게 하신 것이다. 그것을 깨닫자 나는 오직 주님의 주님 되심을 생生의 모든 것에서 믿고 또 구하기 시작했다.

방언에 대한 몇 가지 성경의 지식들을 나누자 한 장로님이 환히 웃으시며 말했다.

"성경에 방언에 대해 이렇게 많이 나오는 줄 처음 알았습니다."

"구약에도 방언에 대한 많은 비밀이 숨어 있습니다."

진리의 지식이 그 심령에 자리하자 모두가 방언을 사모하게 되었다.

"성경의 참된 지식은, 방언은 받는 것이 아니라 성령님과 더불어 말하는 것이라고 합니다. 그 성령님이 우리 안에 계십니다. 주님이 그 처절한 십자가에서 희생제물로 드려지고 나서 떠나신 뒤 우리에게 보내주신 분입니다. 그 성령님이 우리 안에서 말할 수 없는 탄식으로 기도하시며 우리와 더불어 영으로 말하기를 기다리고 계십니다."

나는 그 지식에 기초하여 성령님께 구하자고 했다. 진정한 진리의 기초를 붙들고 믿음으로 기도하자 간절한 간구가 터져 나왔다. 나는 이

귀한 장로님들 안에서 생수의 강이 터져 나오기를 갈망했다. 목사님도 더 겸손히 더 간절히 기도하셨다.

결국 모두 방언을 말하기 시작했고 손수건으로 연신 눈물을 훔치는 장로님, 박수를 치며 강하게 기도하시는 장로님, 아이처럼 천진하게 손을 들어 하나님을 높이는 풍경이 보였다.

"이 아름다운 광경을 보라."

내 안에서 주님이 웃으시는 것이 느껴졌다. 나는 감격으로 더 온전한 성령의 기름부음이 임하기를 기도했다.

"기도 가운데 주님이 십자가를, 보혈을 생각하라 하셨습니다. 세상의 안목으로는 저주의 형틀이며 잔인하게 흩뿌려진 것 같은 피가 어찌 그리 놀라운 구원과 치유와 회복의 능력이 되었는지 생각해보십시오. 방언도 마찬가지라 하셨습니다. 이성理性의 눈으로는 야만의 소리를 내는 것 같지만 그것이 하늘 문을 여는, 생수의 강을 터뜨리는 영의 기도요 하늘의 측량 못할 전략입니다. 우리가 이 기초를 가지고 날마다 하늘 문을 열어야겠습니다."

목사님과 장로님들이 아멘 하셨다. 세상의 지식과 관습과 풍조로 인한 이해와 판단이 아니라 성령께서 가르쳐주시는 참된 하늘의 지식, 지식의 근본인 여호와를 경외함으로 얻은 그 하늘의 본질, 그것이 없으면 망한다.

"오늘 참 기념비적인 날입니다."

내가 웃으며 말하자 "교회 역사에 기록해야 할 위대한 날입니다" 하고 목사님이 웃으며 말씀했다.

'그렇구나. 참 감사하고 감사한 날이구나.'

    돌아오는 길에 그 교회에 하늘 문이 열리기를 기도했다. 그리고 하나님나라를 여는 진정한 진리의 지식들이 물이 바다를 덮음같이 이 나라 전체에 생수의 강으로 터져 나오기를 심령을 다해 간구했다.

7
하늘의 문

아침에 기도하는데 내 입에서 자꾸만 "하늘의 문을 열어주소서"라
는 말이 반복해 나온다.

'하늘의 문창 28:17.'

진정 그것이 열려야 한다. 야곱이 경험했듯이 내가 선 곳이 어디든
하늘의 문이 열리면 아버지의 보좌 가운데서부터 그 역사가 흘러나온다.

여호와께서 그 보좌를 하늘에 세우시고
그 정권으로 만유를 통치하시도다
시편 103:19

다니엘은 그 보좌에서 불이 강처럼 흘러나오며, 천천과 만만의 천군
천사가 모셔 선 것을 보았으며, 심판이 시작되면서 책들이 그 앞에 놓였
음을 보았다단 7:10. 나는 결단코 이것이 오순절 성령강림의 그 역사로 나
타났다고 믿는다. 그 영광의 불이 각 사람 머리 위에 임한 것을 본 것이다
행 2:3.

그 불은 아버지 보좌 가운데서 흘러나온 영광의 불이다. 그 불이 임

하면 만유를 통치하시는 하나님의 보좌가 내 삶의 영역에 침투해 들어온다. 개인과 가정과 일터와 교회와 전 영역에 그 통치의 역사가 나타난다. 이 짜릿하고 기막힌 창세전에 예비하신 나라와 그 역사를 경험해야 한다. 그래서 '불'을 받아야 한다.

어제는 대전의 지하 작은 교회에서 집회를 했다. 많으면 50여 명쯤 오겠지 하고, 집회를 마련한 킹덤빌더 형님(치과를 운영하며 하나님나라를 같이 꿈꾸는 동지)과 이야기했다. 그런데 100명이 넘게 와서 자리가 모자라 서 있어야 할 판이었다.

그날 이 말씀을 주셨다. 준비 기도를 하는데 마치 이 말씀이 다니엘에게 열린 환상처럼 내게 펼쳐졌다. 하나님은 하늘 보좌를 베푸시고 만유를 통치하신다. 하나님의 깊은 역사와 통치와 능력과 그 은혜를 통달하시는 성령님이 우리 가운데 충만히 임하시면, 기름부음이 넘치면 그 아버지의 영, 그 영광의 통치가 우리 안에서 이루어진다. 성령님께서 그것을 가지고 오시는 것이다.

앤드류 머레이Andrew Murray가 간파했듯이 '성령의 내주內住하심'이 얼마나 놀라운가! 우리가 예수를 믿는다는 것이 얼마나 놀라운 역사인가! 이것은 실로 엄청난 일이요 사건이다. 그러나 우리 눈이 망하는 자들에게 가리워, 우리 안에 내주하시는 예수를 믿을 때 그리고 성령으로 충만해짐으로 나타나는 주님의 영, 하나님의 그 영광의 어떠함을 보지 못하는 것이 아닌가.

안타깝게도 많은 이들이 갈망하고 간구하고 애쓰는 것을 보았다. 대부분 그 자신의 율법과 한계와 쓴 뿌리와 자기의自己義, 자기연민, 정과 욕심으로 무언가를 도모하나 자기만족에 지나지 않으며, 작은 변화에 자족할 뿐 영광의 하나님을 경험하지 못하는 것을 보았다.

그러나 성령님이 오시면, 그 생수의 강이 충만히 임하면, 그 묶임들이 터뜨려지고 아버지가 통치하시는 것이 무엇인지 보고 누리게 된다. 그것이 왕 같은 제사장이 되는 것이다. 기름부음은 왕, 제사장, 선지자에게 주어진다. 성령의 기름부음이 넘치면 그분이 가져오신 그 하늘의 왕권, 아버지의 통치가 회복되고 역사하게 된다. 그동안 우리가 묶여 있고 자신이 힘써 허덕이며 갔다면, 이제는 나사렛 예수의 이름으로 통치하고 다스리고 선포하고 찬양하며 만물을 주관하게 되는 것이다.

문제는 기름부음이 없이 왕이 되고 제사장이 되려 한다는 것이다.

야곱은 그 황막한 광야에서 열린 '하늘 문'을 보았고 하늘에 닿은 사닥다리 위로 주主의 사자들이 오르락내리락 하는 것을 보았다창 28:12. 무화과나무 아래 있던 것을 보았다고 하니 놀라는 나다나엘에게, 우리 주님은 앞으로는 자신 위로 하나님의 사자들이 오르락내리락 하는 것을 보리라고 하셨다요 1:51. 그것이 우리에게도 일어나야 한다. 성령님이 임하신다는 것은 그 하늘의 문을 열어주신다는 것이다.

> 능력이 있어 여호와의 말씀을 이루며
> 그 말씀의 소리를 듣는 너희 천사여 여호와를 송축하라
>
> 시편 103:20

시편의 말씀은 이렇게 이어진다. 하나님의 보좌 가운데서 그 통치를 이루는 역사에 수종 드는 천사들이 오르락내리락 하며 아버지의 뜻을 이룬다. 그들은 성령님의 외연이 확장된 역사이다. 그들은 믿음의 후사後嗣들을 돕기 위해 하나님이 보내신 영이다히 1:14.

그는 그의 '천사들'을 '바람'으로
그의 '사역자들'을 '불꽃'으로 삼으시느니라

히브리서 1:7

오순절에 임한 '급하고 강한 바람'행 2:2은 하나님의 보좌 가운데서 강력한 천사들이 이 땅에 임한 것이다. 이사야가 보았던 그 천사들의 날갯짓이 얼마나 강렬하면 강한 바람처럼 들어왔겠는가? 마가의 다락방에 모인 제자들에게 그 하늘의 천사들이 나타난 것이다. 아버지의 통치와 그 역사들을 이루고 복종하기 위해, 믿음의 후사들을 도와 놀라운 능력과 말씀을 이루기 위해서다. 우리가 성령으로 충만해지면 이 역사가 나타난다.

세상에 이것을 누리는 것만큼 흥분되는 일이 어디 있겠는가! 각양의 사역을 섬기는 능력을 가진 강력한 천군 천사들이 주님의 명령으로 우리를 도우며, 막히고 묶이고 갇힌 것들을 앞서서 행하며 풀어간다. 그것이 '안식'이다. 그 주님의 행사를 날마다 목도하며 즐거워하는 것이다. 내가 애쓰지 않아도! 물론 죽도록 충성한다. 그러나 주님과 멍에를 같이하기에 안식 가운데, 쉼 가운데 그것을 이룬다. 길들이 열린다. 하늘 문이 열리면 즐거움의 기름부음이 흘러넘친다. 여호와의 행사를, 주님의 얼굴을 날마다 보기 때문이다.

어제 대전에서 나눈 메시지가 그것이다. 그것을 위해, 그것이 우리 삶에 나타나도록 회개와 성령의 기름부음을 위해 기도했다. 성령과 더불어 말하기를 구했다. 속초, 익산, 충주, 옥천 등 어떻게 평일 대전에서 열리는 이 작은 집회에 참석하느라 그런 곳에서부터 달려온단 말인가!

성령의 바람이 부는 것이다. 나는 결단코 그렇게 믿는다. 주主의 사자使者들이 그렇게 이끌어가는 것이다. 하나님께서 하셔야 한다. 하늘 문이 열리는 것을 경험해야만 한다. 다른 무엇보다도 인내와 믿음으로 그것을 집중해서 구해야 한다. 그런데도 우리는 다른 것, 온갖 것들을 추구하고 가끔 그것을 구하고 있다. 아니다. 틀렸다. 성령님이 내 안에서 생수의 강으로 흐르는 것을 구하는 것이 가장 급선무이다.

> 오직 성령이 너희에게 임하시면 너희가 권능을 받고…
> 땅 끝까지 이르러 내 증인이 되리라
> 사도행전 1:8

이것이 주님이 지상에서 마지막으로 남기신 말이다.

나는 이 주님의 유언에 올인all-in했다. 그 말씀이 내게 응하기를 날마다 구하고 또 구한다. 그리하여 그 응답으로 터지는 오순절의 역사, 그 강력한 하나님의 통치와 보좌의 임함과 성령으로 말하는 역사를 어린 아이처럼 단순하게 꿈꾼다.

8
성령의 그 불

전남 화순으로 집회를 다녀왔다. 몸은 피곤해도 참 감사할 따름이다.

100여 명도 못 들어가는 시골 예배당에 200여 명이 넘는 이들이 통로와 강단 앞까지 가득 채우고 뜨겁게 기도하였다. 외진 곳, 힘겨운 이들과 더불어 성령님의 은혜를 나누라 하셔서 그 길을 순종하는 중이다. 이리 작은 교회에서 집회를 하는데도 전주, 광주, 남원 등지에서 온 성도들까지 모이는 풍경이 마치 옛날 부흥회를 보는 것 같다.

의도하지 않았지만 강력한 메시지가 내 입에서 쏟아져 나왔다. 사실나는 어떤 체험을 강조하거나 성령님에 대해 많이 말하는 편은 아니다. 오히려 말씀에 복종하고 믿음에 대해 강조할 뿐이다. 그런데도 전하는 나의 영이 저려올 만큼 분위기가 독특했다.

기도를 요청하여 앞으로 나온 몇 분들과 손을 맞잡자마자 견딜 수없는 성령의 임재 가운데 들어갔다. 나도 놀랄 만큼 그 임재가 강력하게느껴졌다.

바로 어제도 청계산 자락 은밀한 곳에서 N 교회의 '통일을 위해 섬기는 리더십'들이 모였는데, 처음부터 성령님에 대해 나누려고 모이진 않았지만 결국에는 성령님이 인도하시는 대로 함께 나누게 되었다.

"방언이 주로 어떤 내용을 담아내는지 아세요?"

집회 장소에 가기 전에 식사를 대접하던 그 교회 집사님이 내게 갑자기 물었다. 이 교회는 상당히 보수적이어서 이런 말을 하는 집사님이 낯설기조차 했다. 나는 답을 하지 않고 가만히 있었다.

"시편의 내용을 그대로 담아내고 있습니다. 방언을 통변해보면 우리 영이 대부분 시편의 본질적인 내용을 말한다는 것을 알 수 있지요."

나는 그의 말에 깊이 공감하였다. 방언은 성령님의 말하게 하심을 따라 하는 것이다. 시편은 그냥 씌어진 것이 아니다. 성령이 다윗의 입술과 선견자先見者들에 의탁하여 말씀하신 것이다. 그래서 거기에는 놀라운 비밀들이 스며 있다.

그런 분위기에서 나는 산 속 은밀한 집회 장소에 인도되었다. 그 자리에 모인 분들은 대부분 변호사, 교수, 의사 등 통일을 위해 헌신하는 분들이었다. 우리의 지성과 의와 열심을 기반으로 우리의 자아를 중심으로 했던 추구를 회개하자고 나누고 기도하는 동안, 강력한 성령님의 임재가 느껴졌다.

찬양하던 한 장로님은 이미 압도적인 성령님의 임재를 견디지 못하고 서서 몸을 휘청이며 방언을 쏟아내고 있었다. 엄청난 성령의 회오리바람이 휩쓸고 지나가는 그 역사, 상당수가 방언을 말하는 강력한 성령의 임재 역사, 난생 처음 겪는 그 임재에 어쩌지 못하는 그 처절한 간구, 희열, 감격, 통쾌함, 그 표정들….

'정말 성령께서 하늘 문을 여시는 시절이구나!'

오히려 놀란 것은 나였다.

과연 성령의 시절이다. 귀 있는 자는 성령이 교회들에게 하시는 말씀을 들어야 할 때다. 하나님나라는 말이나 감동의 수준이 아니라 본질적으로 능력에 있음을 알고 있듯이, 새로운 시대에는 '새 부대'가 필요하다. 여기에 주목해야만 한다.

통일도 마찬가지다. 이제 단순하고 일반적인 논리나 방법만으로는 어렵다. 성령님이 부어주시는 하늘의 전략과 공의, 이 마귀가 수십 년 골을 낸 상처를 치유할 강력한 기름부음이 절실하다.

> 오직 나는 여호와의 신으로 말미암아
> 권능과 공의와 재능으로 채움을 얻고
> 야곱의 허물과 이스라엘의 죄를 그들에게 보이리라
>
> 미가서 3:8

이 말씀이 기도 가운데 다가왔다. 나는 이것이 진정한 통일운동, 희년운동, 부흥운동, 하나님나라 역사의 동력動力이라고 확신한다. 우리 시대에 진정한 선지자, 예언자가 없음은 성령님으로부터 기인하지 않은 추구와 선포 때문이다.

"우리 자신의 옛사람의 자아와 습성들, 처리되지 않은 죄 있는 몸의 것들 그리고 구습舊習에 얽매인 고정관념과 자기 유익과 야망의 추구를 넘어서지 못해 안달하는 그것을 벗읍시다. 번번이 시도하기는 하지만 하나님나라의 본질에 들어가지 못하고 늘 얕은 물가에서 맴도는 낡은 부대의 틀일랑 과감히 찢어버립시다. 성령님의 바람을 타고 내 주 예수의 은혜의 바다로, 그 깊고 놀라운 하늘의 능력과 지식과 용기의 바다로 마음껏 저어갑시다!"

그렇게 강조하자 더욱 간절한 간구들이 터져 나왔다.

요즘 실감하는 것은 아무리 은혜를 받고 은사를 체험하고 소소한 깨달음을 얻는다 해도 성령의 불이 임하여 그 하늘 보좌에서 내려오는 하나님의 정권政權의 통치를 직접 받지 못하면 다시 자기중심의 신앙으로 흐르고 만다는 것이다. 따라서 우리에게 하나님의 손에 붙들리는 '진정한 기름부음'이 임해야만 한다.

아버지의 그 손이 임하시는 역사, 아버지가 직접 나를 붙들고 가시는 그 은혜에 들어가야 한다. 이것이 이루어지도록 깨어 집중해야만 한다. 그렇지 않으면 아무리 열심히 기도하고 도모한다 해도 결국 다시 허무해질 수 있다.

오직 주의 사랑에, 전능자의 손에 사로잡혀야만 한다. 명확히, 꽉 붙들려야 한다. 이것이 자신의 삶 가운데 이루어지지 않으면 안 된다는 절박함으로 새로운 하나님의 역사가 열리는 시절에, 새로운 틀과 체질과 심정으로 더욱 자신을 변화시켜야만 하겠다.

그것은 오직 그의 나라와 그의 의를 위하여, 이미 하늘에서 이루어진 그 뜻이 이 땅에서도 이루어지기를 구하는 것이다. 귀 있는 자들은 주께서 "그러므로 너희는 이렇게 기도하라"고 명하신 '주기도문'을 연구해야 한다. 그러기 위해서는 진정 성령님이 교회들, 바로 우리에게 하시는 그 말씀을 깨어서 깊이 들어야 하겠다.

> 그 날에 하늘이 불에 타서 풀어지고 체질이 뜨거운 불에 녹아지려니와
> 우리는 그의 약속대로 의의 거하는 바 새 하늘과 새 땅을 바라보도다
> 베드로후서 3:12,13

하나님이 임하시는 그 날에는 우리의 체질과 이 땅의 모든 것이 드러난다. 주님이 주시는 마음은 성령의 불이 임하면 이 세속에 물들어버린 체질들이 이 땅만 아니라 하늘의 정사와 권세, 하나님을 대적하여 높아진 모든 '견고한 진陣'들까지도 다 그 불에 타서 풀어질 것이라는 것, 그러나 진정 내 안에 도사린 내가 미처 알지 못하는 이 세속에 물든 체질과 생각과 아버지께 합당치 않은 것들이 먼저 성령의 불에 다 타서 녹아지고 풀어지기를 갈망한다. 진정 하나님의 역사를 담지하는 새로운 체질의 부대가 되기 위해 오순절에 임한 성령의 그 불을 원한다.

주님이 지상에서 마지막으로 명하신 유언 같은 당부….

> 오직 성령이 너희에게 임하시면 너희가 권능을 받고…
> 땅 끝까지 이르러 내 증인이 되리라
> 사도행전 1:8

여기 이 기초에 다시 집중해야 할 터이다. 우리를 향하신 주님의 그 간절한 마음을 헤아리기 원한다. 오직 성령이 임하시면 권능을 받는 일

외에 다른 길은 없다. 아직 우리는 진정한 권능을 온전히 경험하지 못했다. 나 또한 마찬가지다. 오직 성령이 나를 지배하고 사로잡으시는 거기에, 깊이 나 자신을 드려야 한다. 날마다 그것을 구하고 또 구해야 한다.

그것이 내 온 생生의 여행에 이루어지도록, 기도와 말씀과 순종에 집중 또 집중해야 한다. 변명은 필요치 않다. 날마다 기름부으심을 구하고 천지를 창조하신 전능하신 하나님의 역사가 내 삶의 자리, 그 일상에 임하시도록 무시로 성령 안에서 간구해야 한다. 그리고 믿음으로 그 역사하심을 붙들어야만 한다.

이 기초의 헌신과 집중이 가장 중요하다. 날마다 숨쉬는 순간마다 이것을 붙들자. 이것이 이루어지도록 날마다 구하고 말씀을 묵상하고 또 연구해야 한다.

9
아버지의 기쁘신 뜻에 순종함

아침에 여전히 길을 걸으며 기도하였다. 하나님의 기쁘신 뜻과 역사를 성령님을 통해 인도해달라고, 그리고 오직 날마다 그것을 이루는 아들이 되게 해달라고 간구하며 홀연히 찬바람을 가른다.

> 내일 일은 난 몰라요 하루하루 살아요
> 불행이나 요행함도 내 뜻대로 못해요
> ....
> 주님 예수 팔 내미사 내 손 잡아주소서

어릴 적 즐겨 부르던 찬양의 가사처럼 요즘은 그저 하루하루 한 걸음 한 걸음을 주님과 살아간다는 기분이다. 그리고 문득 아무런 거창할 것도 없는 그 길이 정답이 아닐까 생각했다.

며칠 전에 친형 같은 믿음의 동지이자 예전 교회의 선배가 전화를 했다. 회사의 대표인 그가 새로운 하나님의 사업을 선명히 응답받고 언제 이 일을 그만두고 그 새 일을 시작할 것인지 고민하는 마음을 털어놓았다.

"형, 하루하루 그만두시면 되잖아요? 하루하루를 주님께 맡기고 그분이 인도하시는 대로 그렇게 순종하다보면 어느새 새로운 그 일을 하고 있지 않을까요?"

형은 그 말을 기뻐하며 그것이 정답이라고 하였다.

주님도 그렇게 사셨다.

나의 양식은 나를 보내신 이의 뜻을 행하며
그의 일을 온전히 이루는 이것이니라

요한복음 4:34

사마리아에서 제자들이 행로에 곤한 주님을 위해 양식을 구하러 갔다 오자 주님은 이미 음식을 드셨다고 하셨다. '누가 주님께 잡수실 것을 갖다 드렸는가?' 제자들이 의아해 하자 주께서 말씀하신 것이다. 나는 결단코 주님이 주기도문에서 "오늘날 우리에게 일용할 양식을 주옵시고"라고 가르치신 것은(물론 육신의 양식을 포함하겠지만), 궁극적으로 주님이 추구하신 양식이 곧 '아버지의 기쁘신 뜻을 행하는 것'이라 믿는다.

주님은 제자들이 오기 전에 그 황무하고 음부에 사로잡힌 영혼인 사마리아의 여인을 성령의 능력으로 해방시키셨다. 언젠가 촬영을 위해 이 수가 성(城)에 간 적이 있다. 100여 년 전의 그림만 보아도 이곳은 너무나 황량한 곳이었다. 하물며 주님의 시절엔 더욱 그러하였으리라. 그런 황막한 곳에서 주님은 아무도 거들떠보지 않으려고 하는 버림받은 한 여인을 위해 그 작렬하는 태양 아래서 그토록 애쓰셨다.

하나님의 아들이 무엇이 부족해서 그러는 것인가? 그러나 그것이 주님을 진정으로 존재케 하시는 '하늘 양식'이었다. 지극히 작은 한 영혼의 고통과 묶임을 안타까워하시며 그 영혼에게 목마르지 않는 생수를 전해 주시기 위해 그 보좌를 버리고 이 땅에 오신 것이다. 그것이 주님을 하루하루 존재케 하였다.

그 하루하루가 그분이 지신 십자가였다. 날마다 자신을 부인하고 십자가를 지는 능력과 비결이 그것이라 믿는다. 그것은 이론이나 거창한 결심이 아니라 그저 주님처럼 적극적으로 '하늘 양식', '아버지의 기쁘신 뜻과 사랑을 구하는 것'이다.

> 주의 성령이 내게 임하셨으니
> 이는 가난한 자에게 복음을 전하게 하시려고
> 내게 기름을 부으시고 나를 보내사 포로 된 자에게 자유를,
> 눈먼 자에게 다시 보게 함을 전파하며 눌린 자를 자유케 하고
> 주의 은혜의 해(희년)를 전파하게 하려 하심이라 하였더라
>
> 누가복음 4:18,19

성령으로 세례를 받으신 주께서 말씀하신 것이다. 주님의 사명은 이것이었다. 이것이 아버지가 그 아들을 이 땅에 보내시고 성령으로 세우신 이유다. 이것이 주님의 양식이다. 나는 주님의 제자다. 그렇다면 날마다 이 일을 해나가는 것이 나의 양식이어야 하리라.

많은 이들이 이 양식보다 바리새인들이 추구한 지성과 교리의 누룩

처럼, 또는 그 표적이나 능력, 은사 자체에만 중점을 둔다. 거창한 비전과 자기의 풀리지 않은 현실의 곤고함을 보상 받으려는 그 꿈들에 목적을 둔다. 온통 자기, 나, 내 것, 나의 '자아'를 중심에 두고 그 확장 선상에 갈망과 일들이 뻗어 나가고 있다.

'이 '무화과 잎새들'을 확 걷어버려야 한다.'

기도 가운데 이 음성이 심연 깊은 곳에서 나팔소리처럼 울려왔다.

그리고 다시 그리스도로 옷 입어야 한다. 주님의 양식과 사명을 내 영과 삶의 여정에 채워야 한다. 그것을 살지 못하게 하는 모든 죄의 구조와 싸우되 피 흘리기까지 싸워야 한다. 순종이란, 십자가란, 자아가 중심이 된 '정과 욕심을 못 박고'갈 5:24 오직 주님이 삶의 모든 것이 되시는 것 Lordship이다.

날마다 한 걸음 한 걸음 '아버지의 기뻐하시는 뜻'을 구하고 순종하는 것, 그것은 오직 성령으로 충만할 때 가능하다. 말이야 쉽지 진정 성령께서 능력을 주시지 않으면 그 길은 어렵다. 사람들의 오해가 거기에 있다.

성령님은 예수님의 그 진리와 영광을 우리에게 새기고 부어주신다. 주님처럼 사는 것은 얼마나 멋진 일인가? 그 얼마나 아름답고 존귀하며 가슴 벅찬 일인가? 그러나 이상하게도 그렇게 살고 싶어 하는 이들을 거의 만나보지 못했다. 이토록 성령님과 능력을 구하는 이들이 많은데도 말이다.

어제도 몇몇 믿음의 동지들과 교제하며 기도하는데, 규장의 편집국장인 김응국 목사님이 말했다.

"방언을 깊이 하니까 어떤 감정이나 체험보다도, 전에는 내 육신이 살아서 하지 못했던, 주님이 요구하시는 그 순종이 아주 쉽고 자연스럽게 가능해지는, 자원하는 심령으로 하는 그 능력이 생겼습니다."

나는 그 말이 정답이라고 생각한다. 많은 이들이 성령을 추구하고 방언기도 하는 것을 체험이나 어떤 감정상의 변화에 중점을 둔다. 물론 그런 영의 충만함과 변화가 일어난다. 그러나 영으로 깊이 기도하면 내 안에 계신 성령님이 활성화되고 나를 주장하시어 더더욱 순종이 쉬워진다. 주님도 그 성령의 충만함으로 날마다 십자가를 지신 것이다.

> 영원하신 성령으로 말미암아
> 흠 없는 자기를 하나님께 드린 그리스도의 피가
> 어찌 너희 양심으로 죽은 행실에서 깨끗하게 하고
> 살아 계신 하나님을 섬기게 못하겠느뇨
>
> 히브리서 9:14

나는 이 구절을 읽고 무척 놀랐다.

'주님도 성령의 능력으로 순종이 가능하셨구나…'

그 후 나는 진정으로 성령님을 구한다는 것은 '주님의 순종'을 나도 소유하기 위한 것임을 깨달았다. 그리하여 날마다 "복종의 권능을, 순종의 기름부음을 주소서"라고 구했다. 성령님은 우리를 진정 아버지의 그 사랑과 뜻과 길에 순종케 하신다. 이 갈망을 가진 자라면 성령님의 충만함을 날마다 구해야 하리라.

너희가 육신대로 살면 반드시 죽을 것이로되

영으로써 몸의 행실을 죽이면 살리니

무릇 '하나님의 영'으로 인도함을 받는 그들은

곧 하나님의 아들이라

로마서 8:13,14

바로 이 말씀이 그것을 의미한다. 교회를 다니고 주님을 부른다고 다 하나님의 자녀들이 아님은 자명하다마 7:21-23 오직 '하나님의 영'이신 성령의 인도하심을 통해 하나님의 뜻대로 행하는 삶이 그에게 나타나야만 그가 진정 구원 받은 자이다. 참 두려운 말씀이다. 내 안에 살아 역사하시는 성령님을 경험하지 못하면 살았다 하나 죽은 자일 뿐이다.

그러나 '성도'라 불리는 많은 이들이 이에 대한 어떤 인식도 두려움도 없다. 성령님은 우리의 영을 회복시키시어 그 육신의 소욕을 제어하시고 오직 그리스도께 복종케 하신다. 진정한 방언의 기도, 영의 기도가 회복되면 그 능력이 더욱 확장된다. 하늘의 언어를 하는 중요한 이유도 그것이다.

주께서 하늘 양식을 구하며 날마다 가셨듯이 그렇게 하루하루 주님의 그 길을 따라 순종하며 나아가다보면 잃어버린 영혼들을 성령의 능력으로 섬기고 치유하고 나누고 사랑하게 될 것이다. 날마다 그렇게 가다보면 점점 아버지가 창세전에 예비하신 그 역사, 그 큰 그림에 가닿지 않을까? 나는 그 큰 그림이 '예수 그리스도'라 믿는다. 날마다 주님처럼 상한 갈대들과 꺼져가는 등불들을 성령의 능력으로 치유하고 섬기는 일에 매진하다보면 점점 주님의 그 아름답고 놀라운 장성한 분량에 이르지 않을까?

날마다 '일용할 양식(아버지의 기쁘신 뜻)'을 달라고 구해야 한다. 그것이 진정한 분별이다.

많은 이들이 꿈꾸는 비전이란 무엇인가? 나는 그것이 어떤 사역이나 일이기 이전에 결단코 '예수 그리스도'라 믿는다. 우리의 목표이자 비전은 주님이시다! 우리의 사명과 부르심은 예수 그리스도다!

그것이 정답이다. 말이야 쉽고, 그런 내용의 찬양도 무수히 드리지만, 진정 주님을 비전으로 삼아 그분을 닮고자 오직 그분의 마음을 구하고 주님의 뜻을 구하는 이는 드물다.

그럴 것 같지만 그렇지 않은 것, 그것이 우리의 실체다. 그분의 성품과 역사와 참 기쁨과 아름다움을 소유하고 닮는 것이 우리의 부르심인데도, 솔직히 이것을 자신이 가장 갈망하는 비전으로 영혼에 아로새긴 자가 얼마나 되랴. 성령의 능력보다는 성령의 열매에 더 관심이 많은 자가 그 얼마이랴. 나부터 진정으로 회개하지 않을 수가 없다.

주님이 바로 아버지가 창세전에 계획하시고 우리에게 주시려고 한 '신령한 복福'이시다. 다시 이 비전을 내 영혼에 새긴다. 하나님은 내가 그리스도의 장성한 분량에 이르기를 원하신다. 아버지의 이 마음을 깨달은 내 영의 간구가 이 아침 내 귓가에도 들려왔다.

쉽지 않겠지만 우리의 목표 수준은 주님이시다. 성품만이 아닌 그 일과 능력까지, 주님의 그것이 우리가 목표로 하는 수준이다. 그것이 바로 하나님이 우리를 지으시고 부르시고 우리의 아버지가 되신 이유다. 이 것을 추구하지 않는 꿈이란 '자기의'自己義에 불과하다. 여기에 우리 삶이 집중되지 않으면 주主의 이름으로 많은 것을 행하더라도 불행한 것이다.

오직 주님 안에 거하고 그 본질이 성령으로 우리 안에 넘쳐흘러야 한다. 주께 집중해야만 한다. 이 비전이 내 안 심비心碑에 각인되고 심령에 지문처럼 확연히 찍혀야만 한다. 그 주님을 향해 주님이 가신 길을 따라 하루하루 한 걸음 한 걸음 가다보면 장차 아버지가 예비하신 놀라운 역사들을 맛보리라.

이 순종에 집중해야 한다. 이 생각을 키우며 가는데 길 위에서 갑자기 찬양이 터져 나왔다.

한걸음 한걸음 주 예수와 함께
날마다 날마다 우리는 걷겠네

10
주님이 가신 그 길을 따라

나는 어떻게 해야 진정한 부흥을 경험하는지를 주님께 물었다. 기도할 때마다 그 전략과 본질을 구한 것 같다. 그런데 주님의 응답은 참으로 단순하고 정말 명쾌하고 깊다.

오직 성령이 너희에게 임하시면 너희가 권능을 받고 …
땅 끝까지 이르러 내 증인이 되리라
사도행전 1:8

나는 말씀에 순종하여 날마다 '성령님으로부터 주어지는 권능'을 구했다. 주님이 내리신 지상에서의 마지막 명령이기에, 그 당시 제자들처럼 나는 진지하게 온전히 거기에 순종하여 구했다.

가끔 집회에서만 뜨겁게 구하는 것이 아니라 날마다 기회를 얻기만 하면 구한 것이다. 길을 걸으며, 기도회에서, 사우나탕에서, 전철에서, 집회를 앞두고, 자기 전에…. 그 습관은 지금도 남아 체질이 되어 날마다 성령의 권능을 구한다. 그리고 구한 것은 받은 줄로 믿었다. 그 작은 충성이 내게 놀라운 능력이 되었다.

잘하였도다 착하고 충성된 종아 네가 작은 일에 충성하였으매

내가 많은 것으로 네게 맡기리니 네 주인의 즐거움에 참예할지어다

마태복음 25:21

주님이 요구하시는 충성은 엄청난 것이 아니다. 진실함과 성실함이다. 바람이 임의로 불듯 그 순종과 믿음이 화합하여 나는 어느새 변화하였고, 내 삶은 충만함으로 채워졌고, 성령의 인도함을 받아 나갔다. 주님의 역사와 잔치에 초대되어 그 즐거움을 누리기 시작했다. 내 주변에서도 후배와 동지들이 성령님의 역사를 누리기 시작했다(돌아보니 그 변화의 범위가 여간 놀라운 것이 아니다).

나는 그것을 붙들고 역시 단순한 순종과 믿음으로 날마다 나아갔다. 전국에서 책과 집회를 통해 맺은 결실은 정말 성령께서 하신 일이라고 단언할 정도로 놀라운 것이었다.

그저께 경남 함안의 시골 칠성교회에서 집회를 했다. 그 외진 곳까지 울산, 마산, 김해, 진해, 대구 등지에서 찾아와 함께 성령의 권능을 구하였다. 그리고 거의 100명에 가까운 이들이 방언을 말하게 되었다. 특히 어린 아이들이 많이 방언을 말하였는데, 그 도토리만한 아이들이 영으로 기도하며 우는 것을 보니 마음이 뭉클하였다. 소리치며 우는 집사님, 뜨거운 눈물을 흘리며 회개하는 장로님, 기도해달라며 머리를 조아리는 할머니들, 끝까지 남아 하나님나라를 위해 사는 것에 대해 묻고 감사하며 돌아간 젊은 집사님….

그들과 나누며 다시 누가복음 4장 말씀이 생각났다.

주의 성령이 내게 임하셨으니
이는 가난한 자에게 복음을 전하게 하시려고
내게 기름을 부으시고 나를 보내사 포로 된 자에게 자유를,
눈먼 자에게 다시 보게 함을 전파하며 눌린 자를 자유케 하고
주의 은혜의 해(희년)를 전파하게 하려 하심이라 하였더라

누가복음 4:18,19

"그렇구나! 성령이 임하시면 그 권능이 가난하고 억눌리고 묶인 자
를 자유케 하는구나."

결국 우리의 모델은 주님이시다. 이것을 명심 또 명심해야 한다. 그
분은 우리 구원과 믿음의 창시자이며 우리가 가야 할 길이며 비전이시다.

나는 처음 성령님에 눈 뜰 때 주님이 성령 역사의 모델임을 깊이 깨
달았다. 그리고 거기에 초점을 맞추었다. 진정 성령님의 임재와 세례와
능력을 구하는 이들에게서 가난한 자에게 복음을 전하는 역사가 나타나
지 않으면 자신만을 위해 은사를 구하는 것이다. 그것은 금세 고갈되고
변질되며 자아를 위한 몸부림이 되고 만다.

이는 내 사랑하는 아들이요 내 기뻐하는 자라

마태복음 3:17

성령으로 세례를 받으신 후에 주님이 들으신 음성이다. 주님도 순종하고 무릎을 꿇음으로 성령을 받았다. 우리도 그렇게 가야 하리라. 다른 길은 없다. 주님이 길이고 진리고 생명이시다. 우리도 철저한 겸비함과 순종으로 성령님을 만나야 한다.

하나님이 자기를 순종하는 사람들에게 주신 성령도 그러하니라
사도행전 5:32

베드로의 이 선포는 정말 중요한 전언이다. 앤드류 머레이가 이 부분을 매우 중요하게 다루고 강조했듯이, 성령님은 오직 주님의 말씀과 하나님나라와 의義, 그 뜻에 순종하기로 결심하고 헌신한 자에게 주어진다는 것이다. 그런 자에게 하나님은 주님에게 하셨듯이 그 사랑의 고백을 들려주신다.

이것이 우리를 창조하신 아버지의 뜻이요 언약이다. 아버지는 우리를 사랑하시며 기뻐하시는 대상으로 지으셨다. 성령님을 만나는 것은 그 언약의 회복이며 관계의 회복이다. 오순절은 그 언약의 말씀을 받은 시내산에서의 그날인 셈이다.

천지를 창조하신 하나님께서 초막 같은 나와 사랑의 언약을 맺으신다. 그렇지만 그것은 그저 그런 약속이나 계약이 아니다. 그러나 대부분의 신앙인들은 아버지와 그저 계약 관계일 뿐이다. 아버지의 사랑과 자신을 향한 인자仁慈와 그 진한 애정의 역사를 누리지 못한다. 그런데 성령님이 임하시면 우리는 그분과의 언약 관계에 들어간다.

그것이 진정한 오순절이다. 그것을 경험한 사람에게는 하나님의 놀라운 사랑이 확장되고, 다른 이들까지도 그 언약 관계에 들어오게 하는 일에 헌신하게 된다.

나는 아버지께 합한 자가 되고 그분을 가장 사랑하고 경외하는 아들이 되고 싶은 열망에 불타올랐다. 그전에는 그저 신앙생활을 했을 뿐이다. 예수 그리스도의 풍경을 그리워했을 뿐이다. 그런데 성령이 오시자 하나님 아버지를 너무나 좋아하는 아들이 되어 있었다.

> 이새의 줄기에서 한 싹이 나며
> 그 뿌리에서 한 가지가 나서 결실할 것이요
> 여호와의 신神 곧 지혜와 총명의 신이요 모략과 재능의 신이요
> 지식과 여호와를 경외하는 신이 그 위에 강림하시리니
> 그가 여호와를 경외함으로 즐거움을 삼을 것이며
>
> 이사야서 11:1-3

진실로 성령님은 어떤 체험이나 은사를 넘어서신다. 이 세상의 감각과 지혜와 능력을 뛰어넘는 하나님의 지혜, 모략, 재능, 지식, 능력이 임하는 것이다. 나는 그것을 조금씩 경험하기 시작했다. 날마다 성령님을 구하니 나에게도 그것이 부어졌다.

그런데 그중에 가장 두드러진 것이 '여호와를 경외함으로 즐거움을 삼는 것'이다. 이것은 내게 정말 중요한 기름부음이자 가장 갈망하는 기름부음이다. 나는 그전과 달리 하나님을 경외하고 의식하고 그분을 사랑

하게 되었다. 성령님과 더불어 "아바 아버지"라 부르게 되었다. 천국의 아이가 되어 날마다 재롱을 떨게 되었다. 그리고 그분의 사랑을 점점 더 깊이 느끼기 시작했다.

그 다음이 '가난한 자에게 복음을 전하는 것'이다. 그것을 그리 의식하고 살지 않았는데 돌아보니 내게 임하신 성령님의 능력이 어느새 나로 하여금 주님처럼 가난한 자에게, 억눌리고 아프고 힘겨운 이들에게 하나님의 은혜의 해를 전하고 있었던 것이다. 애쓰고 노력했다기보다 저절로 그것이 나타났다. 하늘의 언어를 나누며 전국을 누볐고 일본과 미국에서도 수많은 영혼들이 치유되는 은혜를 체험했고 귀신이 떠나가고 가정과 비전이 회복되는 것을 목도했다. 말 그대로 '희년'禧年이 선포되는 것이다.

'아하, 그렇구나! 이것이 성경에 나온 주님의 그 모델을 따라가는 것이구나.'

주님이 성령을 받으시고 하나님의 사랑의 고백을 인印 침을 받고 고통 받는 영혼들을 치유하시고 복음으로 자유케 하신 그것처럼, 우리에게 성령이 임하시면, 우리가 주님과 함께 그분의 멍에를 메기만 하면, 그 단순하고도 놀라운 역사가 나타나리라.

하나님이 나사렛 예수에게 성령과 능력을 기름 붓듯 하셨으매
저가 두루 다니시며 착한 일을 행하시고
마귀에게 눌린 모든 자를 고치셨으니

이것이 베드로가 요약한 주님의 생生이다. 또한 그것은 주님의 제자인 나의 생이 되어야 하리라. 나도 날마다 성령과 능력을 기름 붓듯 부어 달라고 구한다. 이 단순한 충성이 정말 중요하다. 왜냐하면 주님처럼 나도 두루 다니며 '착한 일'을 행하기 위해서다.

선善이란 "과녁을 정확히 맞추는 것"이다. 어떤 봉사나 착한 일이기 전에 "하나님의 선하시고 기뻐하시고 온전하신 그 뜻"을 순종하여 이루는 것이다. 아무리 대단한 일을 하고 섬기고 애써 사역해도 사랑이 없으면 소용이 없고, 아무리 노력하더라도 하나님의 뜻이 아닌 자신의 뜻과 꿈과 목적을 추구한다면 그것은 선한 일이 아니다. 성령 받은 자의 극치는 '겟세마네'로 가는 것이다.

만일 아버지의 뜻이어든 이 잔을 내게서 옮기시옵소서
그러나 내 원(뜻)대로 마옵시고 아버지의 원대로 되기를 원하나이다
누가복음 22:42

이 고백이다. 삶의 모든 순간마다 오직 아버지의 뜻을 구하는 것이다. 그리고 복종하는 것이다. 주님이 십자가에 복종함으로 그러하셨듯이 이것에 철저해지면 '견고한 진'들이 무너진다.

너희의 복종이 온전히 될 때에

모든 복종치 않는 것을 벌하려고 예비하는 중에 있노라

고린도후서 10:6

전능하신 아버지가 창세전에 예비하신 그 아름다우신 뜻, 성령님이
임하시면 그 능력이 두루 다니며 그 뜻을 이루게 하신다. 그것을 경험하
는 짜릿함과 즐거움의 기름부음히 1:9을 나는 더욱 경험하기 시작했다. 그
리고 그 능력이 마귀에게 눌린 자들, 음부의 권세에 묶여 허덕이는 이들
을 자유케 하게 되었다. 돌아보니 어느새 그렇게 되고 있는 것이다. 내가
의식하고 폼 잡을 겨를도 없이, 내가 주님의 길을 따르고 있음을 깨달은
것이다.

결국 '하늘의 언어'는 영으로 비밀을 말하고고전 14:2 말할 수 없는 탄
식으로 아버지의 뜻대로 간구해주시는 성령님과 기도하는 것롬 8:26이다.
그 간구는 하나님의 비밀이요 모든 능력이요 사랑인 주님을 은밀히 누리
게 하며, 측량할 수 없는 응답과 치유 가운데로 우리를 인도한다.

성령님으로 충만하여지면 놀랍게도 주님의 영광이 저절로 나타난다.

진리의 성령이 오실 때에 그가 나를 증거하실 것이요

요한복음 15:26

그가 내 영광을 나타내리니 내 것을 가지고 너희에게 알리겠음이니라

요한복음 16:14

이 말씀을 깨닫고 얼마나 감격했는지 모른다. 진정 나는 주님의 영광을 구하였던 것이다. 보혜사 성령님의 권능이 임하시면 저절로 그 영광이 나타나는 것이다.

이 소망을 품어야 한다. 그 영광과 그 얼굴을 보아야 한다. 날마다 성령의 권능을 구하고 성령과 더불어 기도하고, 그 성령의 능력이 가난한 자, 억눌린 자들에게 하나님의 은혜의 해를 선포케 하기를 구하는 것이다. 아버지가 이루시기를 기뻐하시는 그 선한 일, 그 뜻, 그 역사에 순종하기를 경외함으로 즐거워하는 것이다. 이것을 날마다 추구하고 믿음으로 인내하고 소망하고 참으며 성실하게 성령님의 능력을 구하는 것이다.

> 매일 드리는 제사를 폐하며
> 멸망케 할 미운 물건(적그리스도)을 세울 때부터…
> 다니엘서 12:11

매일 드리는 십자가의 보혈과 성령의 번제를 폐하게 하는 자는 적그리스도의 악한 영들이다. 우리가 날마다 하나님의 능력과 뜻과 길을 구하고 순종하는 그 제사를 폐하면 음부의 권세가 가만히 내 삶에 자리 잡는다.

그러므로 우리는 날마다 숨쉬는 순간마다 무슨 일에든 깨어 하나님의 사랑과 은혜와 역사를 구해야 한다. 이것을 철저히 훈련해야 한다. 우리가 매일 드리는 산 제사, 그것은 오직 성령님으로 인하여 '하나님의 선하시고 기뻐하시고 온전하신 뜻'이 무엇인지 구하는 것이다롬 12:2.

'그러면 진정 나는 주님의 모델을 지향하여 성령님을 구하는가?'

우리 주님처럼 오직 아버지의 기쁘신 뜻과 잃어버린 영혼을 지향하는 삶이 전적으로 성육신成肉身 되어야 한다. 그것이 하나님나라요 부흥이요 진정한 제자 됨이다.

다른 길은 없다. 오직 주님이 가신 그 길을 우리도 가야 한다. 그 주님을 다시 연구하고 찾고 두드려야 한다. 그러면 열리리라.

PART 2

영으로 비밀을 말하다

방언으로 기도하는 것은 우리의 영이 '하나님의 비밀을 말하는 것'이다.

이 얼마나 감격적인 일인가!

나의 영이, 전능하신 하나님, 나를 사랑하시는

그 아버지의 은밀한 '비밀의 정원'에 초대되어 가는 것이다.

그리하여 그 사랑과 은혜와 계획, 경륜들을 깊이 누리게 한다.

그 흔하고 하찮아 보이던 은사가 하나님의 비밀로 우리를 이끈다는 것을

진정으로 믿고 기도한다면 얼마나 놀라운 일들이 열릴까?

이 비밀은 만세와 만대로부터 옴으로 감취었던 것인데

이제는 그의 성도들에게 나타났고 하나님이 그들로 하여금

이 비밀의 영광이 이방인 가운데 어떻게 풍성한 것을 알게 하려 하심이라

이 비밀은 너희 안에 계신 그리스도시니 곧 영광의 소망이니라

골로새서 1:26,27

11
열린 하늘 문

어스름한 해질녘, 우리는 길을 잃고 계속 헤매고 있었다.

내비게이션에만 맡겨둔 것이 화근이었다. 이 첨단의 테크놀로지는 신도시의 새로운 길에서 전혀 맥을 못 추고 있었다. 새로운 프로그램과 기술, 방법이라고 해서 항상 만사능통은 아닌가 보다.

"형, 병점역 표지만 보고 따라가면 한신대가 나올 거예요. 제가 수원에 살아서 어느 정도 알 것 같아요."

다큐멘터리를 배우는 후배 동훈이가 뒤에서 죽은 듯 앉아 있다가 불쑥 말을 꺼냈다.

"이 녀석, 진작 이야기하지…. 그래, 한신대학교가 그 근처니까 병점역만 찾아서 가보자."

운전을 하던 디모데는 아예 내비게이션을 끄고 가기 시작했다. 길눈이 밝은 그도 오늘따라 이렇게 헤매는 것이 이상하다는 표정이었다. 동훈이 말대로 병점역이라는 표지판을 따라가자 목적지인 한신대학교 표지가 거짓말처럼 나타났다.

그때 갑자기 지금껏 길 찾는데 몰두하느라 정신이 없던 내 마음도 안도되면서 전혀 의식하지 않던 무언가에 반응하기 시작했다.

"병점, 병점역이라…."

이 얼마나 오랜만에 들어보는 이름인가. 오랫동안 접어두었던 그 지명이 심장을 두드리듯 살아나기 시작했다. 20대 중반 나는 전혀 연고조차 없는 이 병점에서 방위병으로 군복무를 했다. 그 까닭은 형의 주소가 이곳에서 조금 떨어진 화성군 반월면에 있었기 때문이다.

'달이 반만 뜬다'半月는 그곳에서 나는 달의 이면裏面처럼 어두운 시절을 힘겹게 통과하고 있었다. 현역으로 입영했다가 몸이 너무나도 안 좋다는 판정을 받고 귀향 조치를 받았다. 마땅히 갈 곳이 없던 나는 갑자기 낯선 이곳에 방위병으로 오게 된 것이다. 그때는 몸뿐 아니라 영혼조차 몹시 아프던 시절이었다.

주님을 위해 아골 골짝 빈 들에도, 소돔 같은 거리에도 복음 들고 찾아가겠노라던 20대의 시퍼런 열정은 갑자기 엄습한 불의 시련에 타서 재만 남았다. 그토록 자랑하던 그 헌신과 열정, 복음의 내공內攻이 쭉정이에 불과하다는 것을, 그 불은 사정없이 증명해버리고 말았다. 나와 가정을 공격해온 음부의 권세, 악한 영들의 공격에 나는 속수무책이었다.

누구보다 주님을 향한 열심이 특심特心이었고, 기도와 말씀과 헌신적인 삶을 가졌다고 믿었다. 그런데 가정은 무너져버렸고 말로 다할 수 없는 영적 공격 앞에 너무나 무기력하고 형편없는 나 자신만을 전리품으로 건지고 만 것이다.

'예수', 그 이름조차 부를 수 없는 음부의 구덩이를 힘겹게 통과하고 있었다. 베드로처럼 한 비자婢子 앞에 서는 작은 시험 속에서도 예수님의 이름을 부인하던 약함의 극치를 살아내고 있었다. 그렇게 몸과 마음이 아프던 시절에 나는 이 낯선 '병점'에 온 것이다.

나는 읍사무소에서 주민등록이며 호적초본, 예비군 통지서 같은 것을 발급하는 일을 했다. 그리스도의 군사로 살겠다던 그 열혈 청춘의 꿈도 어느새 다 스러지고 없었다.

가끔 버려진 복사지에 붉은 인주로 일본의 사무라이 '미야모도 무사시'며 세상의 가장 낮은 곳을 지향하고 걸어간 '성聖 프란시스'의 맨발을 그리곤 했다. 그리고 아주 가끔은 이 청춘을 꽉 구겨서 휴지통에 버리고 싶다는 생각을 했다. 또 가끔은 흐린 하늘에 빗대어 아무도 모르게 떠도는 이름 없는 '순례자'가 되자고 다짐했다.

지금은 작고作故한 《강아지 똥》의 작가 권정생 선생에게,

들판에 꽃다지며 씀바귀가 폈습니다

그런 단가短歌 같은 엽서를 보내곤 했다. 권정생 선생도 그 비슷한 답장을 항상 보내오곤 했다. 우린 둘 다 몹시 아프다는 공통점이 있었다.

아픈 몸이 아프지 않을 때까지 가자

김수영의 시 한 구절을 스산하게 적어 보낸 적도 있다.

아픔이 축적되자 그것은 서러운 통증이 되었다. 서럽다 해도 전처럼 주님을 부를 수 없다는 것이 나는 더 서글펐다. 그런 시절이 있으리라곤

상상조차 해보지 않았다. '예수', 그 이름을 부르지 못한다는 것은 내게 죽음과도 같았다.

한가롭기 짝이 없는 읍사무소의 오후가 되면 언제나 아스라이 기차 소리가 들려왔다. 나는 그 소리가 아주 마모되고 오래된 기차가 내는 것이라고 생각했다. 왜 그랬는지는 모른다.

어느 황혼 녘, 나는 그 소리를 찾아 무작정 걸어갔다.

'병점역'餠店驛

마을 한편에 그 이름의 작은 간이역이 있었다. 나는 그 이름이 무척이나 특이하다는 인상을 받았다.

'병점… 떡집이라니, 왜 하필 그런 이름을 붙였을까?'

무심히 지나칠 수도 있는 그 이름에 괜히 의미를 붙여보려 했다.

'떡집은 성경에 나오는 베들레헴이다.'

그러나 나는 베들레헴보다 '벧엘'을 더 떠올리고 있었다. 이상하게도 나는 예전부터 벧엘을 '떡집'이라고 혼자 생각했었다. 막연히 벧엘로 가고 있다는 생각을 하며 역 어귀에 우두커니 앉아 있다가 겨우 몸을 추슬러 일어섰다. 그것은 성경의 '벧엘'과는 당연히 아무런 상관이 없다. 후에 알았지만 고려시대부터 삼남三南, 영남, 호남, 충남으로 가는 길목인 이곳에, 지친 나그네들을 위한 떡집들이 모여 있었다고 한다.

나는 호렙산으로 가는 지친 엘리야를 생각했다. 물론 나는 엘리야와 같이 흑암과 싸운 흔적도, 아무런 영웅적 기색도 없는 초라한 존재다. 다만 그 '호렙'이라는 이름이 '황무함'이라고 어디선가 들었기 때문에 관심을 가진 것이다. 황막하고 황량한 무엇이 서럽도록 짓누르던 시절이다.

그러나 내게 병점은, 로뎀나무 아래 쓰러져서 누워 자던 엘리야에게 천사가 나타나 전해주었던 그 떡과 물은 없었다. 친구도, 세상도, 예수님도 모두 나를 잊은 듯했다. 기억이 희미하지만 그 황혼의 저녁, 나는 너무도 오랫만에 교회에 갔던 것 같다. 역 근처에 있는 작은 예배당에 혼자 우두커니 앉아 있다가 슬쩍 뒤에 비치된 성경을 꺼냈다. 문득 '벧엘'이 다시 생각나서였다.

야곱이 잠이 깨어 가로되

여호와께서 과연 여기 계시거늘 내가 알지 못하였도다

이에 두려워하여 가로되 두렵도다 이곳이여 다른 것이 아니라

이는 '하나님의 전殿'이요 이는 '하늘의 문'이로다 하고

야곱이 아침에 일찍이 일어나 베개 하였던 돌을 가져 기둥으로 세우고

그 위에 기름을 붓고 그곳 이름을 '벧엘'이라 하였더라

창세기 28:16-19

참으로 오랫만에 읽어본 창세기의 한 페이지였다.

야곱이 형 에서를 피해 도망하던 그 광야의 황혼 녘…. 그 때도 저녁 무렵이었다. 검붉은 빛으로 서럽게 물들던 황량한 들판에서 도망자 신세로 돌베개를 하고 자던 그 때에, 이제는 모든 것이 끝이라고 여겼던 낭떠러지의 꿈속에서 하늘 문이 열리고 사닥다리에서 천사가 오르내리는 광경이 펼쳐진 것이다. 야곱이 놀라 그 위를 쳐다보니 전능하신 하나님이 서서 그에게 말씀하시는 것이다.

이 얼마나 놀라운 광경인가!

내가 너와 함께 있어 네가 어디로 가든지 너를 지키며
너를 이끌어 이 땅으로 돌아오게 할지라 내가 네게 허락한 것을
다 이루기까지 너를 떠나지 아니하리라 하신지라

창세기 28:15

이 구절을 읽다가 갑자기 견딜 수 없는 울음이 터지고 말았다

너를 떠나지 아니하리라…

완전히 고갈되어 메마른 흙투성이 같던 심연에서 예기치 않은 뜨거운 눈물의 샘이 터져 나온 것이다.
"나의 주님은 지금 어디에 계십니까? 날 그토록 사랑한다던 주님은 어디로 가버리셨나요? 나를 위해 중보하신다는 하늘 보좌에서 지켜보시기나 하는 건가요?"
참으로 오랜만에 단내가 날 정도로 닫혔던 입을 열어 서러움을 토해냈다.
나는 그 날, 붉게 물든 예배당의 한구석에 웅크리고 앉아 한없이 울었다. 그리고 얼마 후부터 조금씩 주님을 다시 부르기 시작했다. 낯설기만 하던 그 변방이, 희미하지만 나에겐 하늘 문이 열리는 '벧엘'이 되기 시작했다.

벌써 20여 년 전의 일이다. 바로 그곳이 병점이었다. 오래 전 해질녘의 그곳을, 나는 뜻밖에 길을 잃고 다시 찾아왔다.

12
그리스도의 비밀을 누리는 기름부음

병점역을 돌아서자 목적지인 한신대학교가 곧바로 나왔다.

영하의 추운 날씨에 마중을 나온 자매가 학교 담벼락 옆의 부대찌개 집으로 우리를 안내했다.

"감독님을 만나려고 아까부터 와 있는 분들이 있습니다. 너무 일찍 와서 기다리셔서 제가 식당으로 모셨습니다."

기다리던 기독학생회 대표가 문 앞에서 영접하며 말했다. 한신대학 교는 가장 진보적인 신학교인데, 그는 매우 순박한 열정이 엿보이는 얼굴 인데다 내가 평소 농담처럼 '홀리 보이스'holy voice라 부르는 부흥사들의 쉰 목소리까지 가지고 있었다. 기도를 많이 하는 친구란 걸 대번에 눈치 챌 수 있었다. 식당 안 방으로 들어가자 뜻밖에도 세 명의 아주머니들이 일어나 나를 반겼다.

"감독님 만나려고 경남 양산에서 7시간을 이렇게 달려왔습니다."

순간 나는 놀라서 무어라 말을 해야 할지 몰랐다.

'세계적으로 유명한 사역자가 온 것도 아닌데… 나 같은 평범한 집 사의 집회에 참석하려고 7시간이나 차를 타고 오다니….'

그동안 전국을 돌며 집회할 때, 먼 지역에서 소식을 듣고 찾아왔다는 분들이 꽤 있었다. 그중에 동해안 속초에서 유치원을 운영하고 있는 한 할머니가 대전의 집회까지 왔던 걸 기억한다. 그때 그 분은 유치원 봉고차를 몰고 5시간을 달려왔다고 해서 놀란 적이 있었다. 그 분도 오래 방언으로 기도하기를 사모해왔다고 했다.

'도대체 방언을 받으러 이렇게 긴 시간을 오다니…'

그런데 오늘 이분들은 무려 7시간을 넘게 달려왔다는 것이다.

"뭐 하러 고생하며 그 먼 길을 오셨어요?"

늦게 오는 바람에 불어 터진 찌개를 먹으며 나는 농을 섞어 그렇게 말했다.

"큰 딸이 성령을 받고 은혜를 받는 것을 보고 서러워서 견딜 수가 있어야지요. 그래서 저도 그 은혜를 받으려고 왔습니다."

두 딸과 같이 왔다는 60대의 어머니가 심각하게 말했다. 나는 약간 버릇없이 크게 웃었다.

"따님이 은혜 받았는데 뭐가 서러우세요? 오히려 기뻐하셔야죠."

그 어머니는 여전히 심각한 투로 말했다.

"저도 30년 넘게 신앙생활을 했는데, 아직 성령을 체험하지 못했거든요. 큰 딸은 방언도 받고 하나님의 음성도 듣는데, 정말 부럽고 서럽고…. 그래서 저도 방언을 꼭 받고 싶어서요."

그 전 같으면 이런 말들이 어리석다고 생각했을 것이다. 성령님은 이미 우리 안에, 우리와 함께 계신다. 그 성령님의 '내주內住하심'을 깊이 깨닫고 순종하지 않는다면 여전히 이리저리 성령님을 만나겠다고 찾아다닐 것이다.

저는 너희와 함께 거하심이요 또 너희 속에 계시겠음이라

요한복음 14:17

이 말씀을 깨달았을 때, 그것은 가히 혁명과도 같았다. 성령 하나님이 내 삶 가운데, 내 안에 계셨음을 수십 년 신앙생활 가운데서 깊이 인식하지 못했다. 성령님은 주님의 말씀처럼 밭에 감추어진 보화시다. 내 심령의 밭에 계신 그 놀랍고 아름다운 보화를 진정 알게 되기까지 시간과 대가를 지불함이 필요하다.

그러나 내 자신이 뒤늦게 성령님을 발견하고 난 뒤, 나는 이런 어린아이 같은 열정들 또한 주님께서 헤아리신다고 믿게 되었다. 세련되고 폼 나는 경건의 외양外樣으로 둘러싸인 신앙보다, 지붕을 뚫어서라도 중풍병자의 치유를 갈망하는 그 거친 열심을 주님은 칭찬하셨다.

"방언 받고 무엇을 체험하는 것만이 성령님을 경험하는 것은 아닙니다. 그분은 진리의 영이시기에 말씀을 통해서 만나는 것이 중요합니다."

그렇게 교과서적으로 말했지만 나는 이 어머니의 간절한 마음을 조금은 헤아릴 수가 있었다.

모든 것은 쉽게 판단하고, 쉽게 말할 수 있는 것이 아니다. 나조차도 마흔이 넘어서야 겨우 그 성령 하나님을 만난 것이다. 내 의지가 아니라 성령님의 인도하심을 따라 전국을 다니며 '하늘의 언어'를 나누었지만, 내 마음에는 여전히 답답함이 있었다.

'은혜를 체험했다고 하면서, 우리는 왜 이렇게 변화되지 않는가? 유

대인들이 그랬듯이 우리도 여전히 표적이나 기사奇事나 은사만 구하고 있는 것인가?'

성령세례를 받기 위해 애쓰는 사람들과 함께 기도하고 그 능력을 체험하지만, 정말 그리스도를 닮고자 갈망하고 진리를 붙들고 나아가는 이들이 있을지에 대한 짙은 회의가 내 안에 남아 있었다. 더 이상 집회를 하지 않고 조용히 전처럼 다큐멘터리만 하고자 하는 속내를 주님께 자주 아뢰었다. 그러나 주님은 오히려 작고 외진 곳까지 찾아다니며 이 방언의 은혜를 더 나누라 하셨다.

"그곳의 나의 작은 백성들, 제자들, 사역자들을 나는 안타까움으로 보고 있다. 너는 내 마음과 심장을 가지고 그들과 함께 성령으로 기도하는 문을 열어라. 그들에게는 기도의 영과 능력이 절실하단다. 방언은 그것을 여는 지름길이다."

깊은 기도 가운데 주님의 음성을 듣게 되었다.

나는 다시 순종하였고, 혼신의 힘을 다해 생소한 변방을 찾아가 지극히 작은 한 영혼이라도 붙들고 기도하였다. 그 순종의 여정에서 주님은 생각지 않은 작은 지체들을 통해 방언이 얼마나 놀랍고 중요한 것인지를 새롭게 깨닫게 하셨다. 그들은 누구보다 순박하고 하나님의 능력을 갈망하는 열심이 있었다. 양산에서 7시간을 달려 방언을 받으러 오는 이런 열심과 사모함이 없다면 불가능하다.

하지만 또 어떤 이들에게는 이것이 얼마나 어리석어 보이는 일인가? "그깟 방언을 받겠다고 저런 짓들을 하다니!"라고 비웃을지도 모른다. 그러나 하나님의 나라는 이 세상의 지혜로는 어리석어 보이는 것들이 많다.

또한 늘 심령이 가난하고 진정으로 연약함을 붙들고 애통하는 이들을 통해 계시되고 나타나는 것이다.

> 이 때에 예수께서 성령으로 기뻐하사 가라사대
> 천지의 주재이신 아버지여
> 이것을 지혜롭고 슬기 있는 자들에게는 숨기시고
> 어린 아이들에게는 나타내심을 감사하나이다
> 옳소이다 이렇게 된 것이 아버지의 뜻이니이다
>
> 누가복음 10:21

이것이 하늘의 본질이다. 주님이 주시는 능력과 권세들은 어린 아이 같은 자들의 것이다. 물론 어떤 사람들은 방언이나 성령 체험의 본질을 보지 못하고 여전히 그 표피적 표적들에만 갇혀 있다. 많은 신앙인들이 그러하다.

내가 과거에 그랬듯이 여전히 그 은사를 주시는 아버지의 진정한 뜻과 마음을 이해하지 못한다. 그래서 방언으로 열심히 기도하나 그것의 본질적인 능력과 성령님의 열매를 누리지 못한다. 주님의 뜻에 순종하여 '뜨거운 감자'hot potato와 같은 '방언'에 대해 책을 썼지만, 처음엔 그것에 대해 나조차 의구심이 많았다. 나의 감각과 하고 싶은 기획을 좇아 책을 썼더라면 '방언'에는 관심도 없었을 것이다. 나는 그것을 귀하게 여기지도 않았다. 뿐만 아니라 여러 은사 중에서도 가장 이상하며 논란거리가 될 것이 자명했기 때문이다.

나는 그렇게 어리석은 종자가 아니다. 누구보다 세상적인 감각과 영적인 것들에 대한 탐구를 동시에 추구해온 사람이었다. 또한 누군가에게 실례가 되거나, 입에 오르거나, 민폐를 끼치는 것을 매우 싫어하는 스타일이다. 그런 내가 은사 중에 가장 문제가 큰 이것을 적극 나누기란 어려운 일이다.

다만 나는 뉴욕의 맨해튼에서 성령에 이끌리어, 이 시대 하나님이 주시고자 하는 강력한 권능을 구했고, 그 확연한 응답으로 생각지도 않은 '방언'이 떠올랐을 뿐이다.

사람이 마땅히 우리를 그리스도의 일꾼이요
하나님의 비밀을 맡은 자로 여길지어다
그리고 맡은 자들에게 구할 것은 충성이니라
고린도전서 4:1,2

바울은 방언이 '영으로 비밀을 말함'고전 14:2이라 했다. 나는 전혀 상상하지도 않은 이 비밀을 맡은 것이다. 그러므로 누가 뭐래도 이것을 붙들고 충성을 다해야 했다.

"이것은 초대 교회에 성령께서 그 언약의 역사를 열면서 부어주신 하늘의 능력이다. 영으로 기도하는 능력을 가져야 인간의 작은 지혜와 정보의 제한 속에 얽매이지 않고 하나님의 능력과 뜻으로 구할 수 있다."

주님은 그것을 더욱 나누라고 명하셨다. 그러나 그것을 나누는 데는 역시 주님처럼 절대복종이 필요했다. 지혜롭고 슬기로운 자가 되기보다는 어린 아이가 되어야 했던 것이다. 내 감각과 생각으로는 그다지 깊이 와 닿거나 끌리는 주제가 아니었기 때문이다. 그러나 순종이 제사보다 나음을 체득하였기에, 나는 주님이 주신 그것이 이해가 잘 안 되어도 순종해야 했다.

그런데 그 작은 순종 가운데 성령께서 깨닫게 하시고 나누게 하신 방언의 능력과 본질은, 이전보다 더욱 놀라운 것이었다.

> 방언을 말하는 자는 사람에게 하지 아니하고 하나님께 하나니
> 이는 알아듣는 자가 없고 그 영으로 비밀을 말함이니라
> 고린도전서 14:2

방언으로 기도하는 것은 우리의 영이 '하나님의 비밀을 말하는 것' 이다.

이 얼마나 감격적인 일인가! 나의 영이, 전능하신 하나님, 나를 사랑하시는 그 아버지의 은밀한 '비밀의 정원'The Secret Garden에 초대되어 가는 것이다. 그리하여 그 사랑과 은혜와 계획, 경륜들을 깊이 누리게 한다. 그 흔하고 하찮아 보이던 은사가 하나님의 비밀로 우리를 이끈다는 것을 진정으로 믿고 기도한다면 얼마나 놀라운 일들이 열릴까?

"내 영이 말하는 이 비밀은 무엇인가요? 그것을 가르쳐주세요."

나는 이것을 진리의 성령님께 가르쳐달라고 구했다.

놀랍게도 바울은 그 비밀이 '우리 안에 있는 그리스도'라고 한다.

이 비밀은 만세와 만대로부터 옴으로 감취었던 것인데
이제는 그의 성도들에게 나타났고 하나님이 그들로 하여금
이 비밀의 영광이 이방인 가운데 어떻게 풍성한 것을 알게 하려 하심이라
이 비밀은 '너희 안에 계신 그리스도시니' 곧 영광의 소망이니라

골로새서 1:26,27

아! 이 깨달음은 내 영혼에 너무나 강한 자극이 되었다.

혹자는 방언 같은 것으로 그렇게 비약을 해도 되는가 할 것이다. 방언이 무슨 그리스도의 비밀을 말하는 것이냐고 말이다. 그러나 그것은 진정 영으로 이 기도의 깊이에 들어가보지 못해서 하는 말이다.

오순절에 성령께서 제자들에게 임하셨을 때, 그들에게 가장 먼저 외적으로 나타난 표적이 방언이었다. 방언은 '성령의 말하게 하심을 따라 말하는 것'행 2:4이고 각 나라의 언어로 '하나님의 큰일을 선포하는 것'행 2:11이다.

예수님은 보혜사 성령님의 사역에 대해 유월절 그 밤에 아주 극명하게 설명하셨다.

진리의 성령이 오시면 그가 너희를 모든 진리 가운데로 인도하시리니…
그가 내 영광을 나타내리니 내 것을 가지고 너희에게 알리겠음이니라

요한복음 16:13,14

이렇듯 성령님의 사역은 예수님의 진리와 영광을 나타내는 것이다.

그런데 방언은 성령이 말하게 하심을 따라 말하는 그 기도이다. 그 성령님이 우리 영과 더불어 말씀하시는 것의 본질은 항상 하나님의 비밀인 '예수 그리스도'시다. 그래서 진정으로 방언을 깊이 하면 주님의 임재와 역사가 나타난다. 나는 무수한 이들이 그것을 체험했음을 발견했다. 그러나 중요한 것은 진정으로 성령님과 하나 되어야 한다는 것이다.

주님은 작은 나귀새끼를 타고 그토록 오랫동안 꿈꾸던 예루살렘으로 들어가셨다. 작은 나귀 같은 '방언'이 오순절의 가장 강력한 표적이며, 그리스도의 비밀을 영으로 누리게 하는 기름부음임을 누가 알았겠는가! 나는 지식이 아니라 '하나님 말씀'의 한 구절 한 구절이 지닌 위대함에 전율하며 날마다 감탄했다.

방언에 대한 이러저러한 이해나 평가, 비판이 있지만, 분명한 것은 '방언 말함'이 오순절의 가장 중요한 사건이고, 초대 교회의 큰 '자양분'이 되었다는 것이다. 우리의 영혼이 '하나님의 비밀'을 말하는 것이다. 이것이 성경의 증언이다.

13
성령의 기름부음이 없이는…

"어머니, 참 잘 오셨고요. 정말 따님처럼 방언을 사모하신다면 집회 때 맨 앞에 앉으세요. 그리고 제가 초청하면 옆으로 와서 서세요. 특별히 기도해드릴게요."

나는 여전히 심각한 표정으로 앉아 있는 그 분에게 힘내시라고 그렇게 말했다. 방언을 사모하여 7시간을 달려온 어머니다. 그 믿음과 열심은 성령님의 사랑과 능력을 누릴 자격이 충분하다.

"네. 감사합니다… 너무너무 사모합니다."

금방이라도 눈물이 쏟아질 것 같은 눈빛으로 권사님은 말했다. 나는 그 분의 손을 꼭 잡아주었다.

한신대학교 구석에 있는 작은 공연장에서 집회가 열렸다. 유난히 추운 겨울밤이었다. 기독학생 연합집회라고 하지만 정작 학생들이 많지 않았다.

방황하던 그 시절, 나는 신앙서적들이 도무지 손에 잡히지 않아 이 학교 신학연구소에서 나온 책들을 무수히 읽었다. 해방신학과 과정신학, 생태신학까지 섭렵해나갔다. 이름은 매우 익숙한데 정작 이 학교에 직접 와보기는 나도 처음이었다.

겨울밤은 매우 추웠다. 이런 외진 변방의 작은 부흥회에 누가 올까 의문이었다. 게다가 강사는 다큐멘터리를 하던 감독이다. 나는 추위에 웅크리고 앉아 찬양을 따라하고 있었다. 홀리 보이스인 기독학생 연합회장이 인도하는 찬양은 추위를 압도하는 불길로 번져갔다. 그 중심에 기름부음이 부어져 있던 것이다.

매우 투박하지만 혼신을 다한 그의 찬양은 영혼을 흔들고 추운 날씨를 태우듯 자극했다. 나는 한구석에서 손을 높이 들고 주님을 찬양했다. 그때 내 영혼이 점점 고조되더니 오직 구속救贖한 주님만 바라보고 앙망하는 것을 느낄 수가 있었다.

주를 앙모하는 자 올라가 올라가
독수리같이 은혜 안에 뛰놀며 주의 영광 보리라
올라가 올라가 독수리같이
…………
천성문을 향하여 면류관을 얻도록
달려가 달려가 피곤치 않네

내 영혼도 점점 성령의 기름부음에 젖어갔다. 그 전에는 '기름부음'이라는 그런 말조차 낯설었다. 아니 심지어 '경배와 찬양', '열방'이란 말조차 익숙하지 않았다. 그런 것은 은사주의자들이나 지나치게 성령을 추구하는 이들, 혹은 열광주의적인 청년들의 용어라 치부했던 것이다.

나는 열광주의를 극도로 싫어했다. 그만큼 나는 홀로 뒷골목을 떠돌며 세상의 가장 남루한 풍경 속에 숨겨진, '익명匿名의 그리스도'만을 찾아다닌 외톨이였던 것이다. 그 시간 동안 내 영혼도 그렇게 감추어지고 메마른 땅처럼 건조했었다.

그러나 이제는 성령님의 임재, '기름부음'Anointing이 없는 찬양과 말씀, 기도, 추구가 얼마나 허무한 것인가를 절감한다. 결국 아무리 화려하고 뛰어난 감각과 예리한 판단, 대단한 신학적 지식을 가졌다 해도 성령님의 역사는 스스로 경험하지 못하면 알 수가 없다. 기름부음은 그것을 받은 자만이 아는 것이다.

언젠가 한 목사님이 이런 말을 한 적이 있다.

"인도네시아, 그 이슬람권에서 대단한 부흥을 이루는 교회가 있습니다. 셀Cell 목회를 잘한다 하여, 여러 한국 목회자들이 탐방을 갔습니다. 그런데 그 교회 담임 목사님이 이런 말을 하더군요. '우리의 부흥은 셀 목회에 있지 않습니다. 오직 성령의 기름부음이 그 역사를 이룬 것입니다.'"

나는 그때, 기름부음이 무엇인지 궁금해서 성경을 탐구했다. 놀랍게도 '기름부음'은 하나님의 역사와 회복과 치유의 본질이었다.

너희는 주께 받은 바 기름부음이 너희 안에 거하나니
아무도 너희를 가르칠 필요가 없고
오직 그의 기름부음이 모든 것을 너희에게 가르치며
또 참되고 거짓이 없으니 너희를 가르치신 그대로 주 안에 거하라

요한일서 2:27

기름부음 안에는 하나님의 모든 가르침과 진리, 계획, 능력이 들어 있다. 이것은 보혜사 성령이 우리 안에 오시면 '모든 것을 가르쳐주신다' 요 14:26는 주님의 말씀과 같은 것이다. 기름부음은 곧 성령님의 충만한 임재를 의미한다. 성령의 기름부음은 태초부터 이어온 아버지의 언약이며 그것이 없이는 진정한 산 제사를 드릴 수가 없다.

언젠가 중국 북경에서 지하교회의 형제들과 기도할 때에 갑자기 깨닫게 하신 말씀이 있다.

> 아벨은 자기도 양의 첫 새끼와 그 기름으로 드렸더니
> 여호와께서 아벨과 그 제물은 열납하셨으나
> 가인과 그 제물은 열납하지 아니하신지라
> 가인이 심히 분하여 안색이 변하니
>
> 창세기 4:4,5

하나님이 받으신 첫 제사의 기록에 보면, 아벨은 '어린양'과 '기름'으로 그 제사를 드렸다. 어린양은 '그리스도의 십자가와 보혈의 희생'이요, 기름은 '성령님의 기름부음'을 의미한다.

어린양의 십자가와 보혈 그리고 성령의 능력, 이것이 합치되는 지점에 강력한 하나님의 임재가 나타난다. 이것은 내게 엄청난 깨달음이었다. 그 두 가지가 다 있어야 하나님이 받으시는 진정한 제사이며, 예배가 된다. 이야말로 진정한 하나님의 능력이다.

그러나 대부분 그 기름부음의 본질과 능력을 알지 못한다. 십자가만

구하거나 오순절만을 추구한다. 따라서 진정한 산 제사로 아버지께 나아가지 못하는 것이다. 율법으로 하나님이 정하신 거의 모든 제사가 반드시 그 '피'와 '기름'을 드려야만 했다.

> 저녁 때에 비둘기가 그에게로 돌아왔는데
> 그 입에 감람 새 잎사귀가 있는지라
> 이에 노아가 땅에 물이 감한 줄 알았으며
> 창세기 8:11

혼돈하고 공허한 세상을 홍수로 심판하신 그 땅의 심판이 끝나고, '새 하늘과 새 땅'이 시작되었음을 알렸던 전령은 '비둘기'였다. 후에 예수께서 성령으로 세례를 받으셨을 때, 성령님은 그 비둘기의 형상으로 임했다마 3:16. 결국 비둘기는 '성령님의 예표'였던 것이다.

비둘기가 입에 물고 온 '감람olive tree 새 잎사귀'는 그 나무에서 제사에 드리는 기름이 만들어지는 것을 상징함으로, '신선한 기름부음'을 의미한다. 스가랴 선지자는 환상 가운데 성전 안 등대에서 기름이 흘러 내리는 '두 감람나무'를 보았다. 천사가 그것을 가르쳐주었는데, 그들은 '기름부음 받는 자 둘이니 온 세상의 주 앞에 서 있는 자'(슥 4:12-14, 개역개정판)라는 것이다.

이것은 신구약을 관통하여 오늘 우리에게도 적용되는 하나님의 언약이요 비밀이다. 그 기름부음이 나타나면 흑암의 지배는 끝나고 '새 하늘과 새 땅', 새로운 하나님의 지배가 나타난다. 이것은 이스라엘을 향하여 수없이 예언된 자유와 해방의 언약이었다.

　놀랍게도 선지자 이사야는 이 기름부음Anointing이 임하면 우리를 사로잡고 괴롭히는 혼돈과 공허의 지배구조, 바벨론과 악한 영의 '무거운 짐'과 '멍에'가 부러진다고 선언한다.

> 그 날에 그의 무거운 짐이 네 어깨에서 떠나고
> 그의 멍에가 네 목에서 벗어지되
> '기름진Anointing 까닭에' 멍에가 부러지리라
>
> 이사야서 10:27

　이 하나님의 날, 그 날의 정점에 메시아이신 예수 그리스도가 계신다. '그리스도'라는 말은 "기름부음 받은 자"라는 뜻이며, '그리스도인'이란 "기름부음 받은 자를 따르는 작은 그리스도들"이다. 예수님이 곧 기름부은 자의 본질이시다. 기름부음(성령의 충만)을 받은 자들은 진정으로 주님을 섬기는 증인들이다.

> 주의 성령이 내게 임하셨으니
> 이는 가난한 자에게 복음을 전하게 하시려고 내게 '기름을 부으시고'
> 나를 보내사 포로 된 자에게 자유를,
> 눈먼 자에게 다시 보게 함을 전파하며 눌린 자를 자유케 하고
> 주의 '은혜의 해'(禧年, 자유, 해방)를 전파하게 하려 하심이라
>
> 누가복음 4:18,19

이것이 주님의 사명이다. 하나님께서 이 세상을 사랑하시어 마귀에게 눌린 이들을 위해 그 아들을 보내셨다. 그런데 그 아들이 오셔서 이루시는 해방과 구속救贖의 역사의 근원적 에너지가 '기름부음'이다. 나는 이것에 매우 주목하였다.

우리 주님에게도 그것은 존재의 이유였다. 주님조차 기름부음이 없이는 역사하지 못하신 것이다. 성령세례를 받은 후에 나도 이 말씀이 내게 이루어지기를 날마다 간구했다. 이것이 이루어지는 삶이 곧 주께서 승천하시기 전에 말씀하신 '성령의 권능'으로 땅 끝까지 '증인'이 되는행1:8 삶이기 때문이다. 증인이란 '그리스도처럼 사는 것'이다. 이 단순한 깨달음은 내 간구의 지평을 활짝 열어주었다.

"성령님, 내게 기름을 부으소서! 예수님처럼 가난한 자에게 복음을 전하는 삶을 위하여, 내게 권능을 주옵소서…."

날마다 숨 쉬는 순간마다 이 간구를 드렸다.

그 기도를 해야 할 명백한 당위當爲가 있으니 저절로 그것이 솟구쳐 나왔다. 그러자 바람이 임의로 부는 것처럼 표가 나지 않는 것 같으나 내 삶은 점점 능력 가운데 나아갔으며, 성령님의 역사와 기름부음을 경험해 가기 시작했다. 정말 바람처럼 자연스럽게 변해간 것이다. 그런 인도하심이 결국 생각지도 않은 '하늘의 언어'를 나누게 한 것이다. 진정 그것은 그 간구 가운데 저절로 산출된 것이다.

그 책은 정말 상상하지도 못했다. 나조차 깜짝 놀랐다. 나는 성령님에 대하여 깨닫고 나누고 있었지만, 그 능력이나 억눌린 이들을 자유하게 하는 권능의 실제는 그다지 없었다.

《부흥의 여정》이라는 책과 다큐멘터리를 작업하며 전 세계 부흥의 현장을 누볐다. 그 가운데 부흥의 본질을 깊이 탐구하였다. 부흥의 진정성은 '예수 그리스도의 임재'이다. 모든 부흥에는 그것이 들어 있었다. 성령님이 임하시면 '십자가와 보혈'을 다시 회복시키신다. 그리고 교회를 오순절로 이끄신다. '갈보리와 오순절의 결합', 그것이 부흥이다.

나는 수많은 곳을 다니며 그것을 나누고 강연하였다. 그러나 그때에도 그 그리스도의 임재를 능력으로 경험하는 성령님의 권능을 그다지 누리지는 못했다.

"주님, 제게도 권능을 부어주세요. 주님처럼 살도록… 증인이 되기 위하여…."

날마다 이 간구를 길 위에 흩뿌렸다. 그 여정으로 미국 뉴욕에 갔을 때, 생각지 않은 응답을 받은 것이다. 그런데 그 응답이 내가 성령의 권능이라고 생각조차 하지 못한 '방언'이었다. 처음엔 반신반의했으나 성령님에 이끌리어 그것을 나누며 나는 무척이나 놀랐다. 나조차도 무시했던 그 은사를 통해 수많은 이들이, 영적인 혼돈과 묶임에서 자유하게 되는 것을 목격했기 때문이다. 영혼에 생수가 터지고, 병이 치유되고, 귀신이 떠나갔다.

내가 구한 그 권능들을 하찮게 여긴 방언을 통해 누리게 되다니, 나는 예수님의 전략에 감탄을 금치 못했다.

"도대체 방언이 무엇이기에… 이런 변화를 가져오나요? 이 무시되었던 은사가 어떤 능력을 가진 것인가요?"

그 까닭을 가르쳐달라고 성령님께 구하였는데, 바로 방언이 '그 영으로 비밀을 말하는 것'고전 14:2이기 때문이라는 것이다. 이 '비밀'이 곧 우리 안에 계신 '예수 그리스도'골 1:27시다.

처음엔 이 말씀이 믿기지 않았다. 어떻게 방언이 예수님의 기름부음과 임재를 나타낸단 말인가?

> 이 비밀은 너희 안에 계신 그리스도시니 곧 영광의 소망이니라
> 골로새서 1:27

내 영이 방언을 통해 말하는 그 비밀의 본질을 가르쳐달라고 구했을 때, 주님은 이 말씀을 열어주셨다. 방언은 우리 안에 기름부음의 원천이신 구원의 그리스도의 능력을, 관념이 아닌 실제로 풀어내는 능력이었다. 이것을 믿고 성령님과 더불어 진실함으로 방언으로 기도한 이들이 그 역사를 맛보게 된 것이다.

결국 기름부음은 하나님의 비밀인 그리스도가 내 안에 임재하시는 그것이다. 여기에 주목해야 한다. 기름부음은 주님처럼 사는 삶의 원천이다. 그러므로 기름부음이 없이는 진정한 그리스도인이 될 수가 없다. 그것은 예수님의 이름인 '임마누엘'의 하나님을 체험하는 것이다.

> 하나님이 나사렛 예수에게 성령과 능력을 기름 붓듯 하셨으매
> 저가 두루 다니시며 착한 일을 행하시고
> 마귀에게 눌린 모든 자를 고치셨으니 이는 하나님이 함께하셨음이라
> 사도행전 10:38

여기에 '기름부음'의 본질이 담겨 있다. 기름부음이 없는 신앙이란, 형식과 익숙한 언어의 찬양과 기도만 남은 죽은 것이다.

전국을 돌며 집회할 때, 나는 거창하고 화려한 찬양을 하지만 영혼에 아무런 울림을 주지 못하는 팀들을 보았다. 그들은 대단히 폼을 잡고 다양한 악기를 동원해서 큰 소리로 외치지만 오히려 마음을 답답하게만 했다. 그러나 어느 외진 시골, 아주 작은 찬양 팀이라도 영혼을 흔드는 감동을 느낄 때가 있다. 강렬하고 화려하지 않으며 평범하고 고요한데도 깊은 영혼의 동함이 있는 것은 기름부음이 넘치기 때문이다.

경남 진해의 웅천. 주기철 목사님이 처음 예수를 믿은 곳, 김익두 목사님의 부흥회에 참석하고 목사로서 헌신하신 곳이다. 내가 웅천교회에 갔을 때, 한 젊은 남자가 소박한 남방을 입고 기타를 치며 찬양을 인도했다. 처음 들어보는 단순한 찬양인데도 나는 영혼의 깊은 충만함으로 인도되었다. 그 찬양으로 문을 연 그날 집회에 얼마나 큰 은혜와 생수의 강江이 넘쳤는지….

후에 알고 보니 그는 그 교회의 부목회자였다. 그는 오랫동안 깊이 주님을 묵상해왔고 많은 시간을 방언으로 기도하는 성령으로 충만한 사람이었다. 기름부음이 있느냐 없느냐는 그렇게 다른 것이다. 기름부음이란 정말 중요하다.

"감독님, 우리 교회가 이런 시골에 있어도 성령으로 충만한 부흥을 경험할 수 있는 이유는 바로 감독님이 말씀하신 방언에 있었습니다."

집회가 끝나고 나서 내가 성도들이 성령으로 충만하다고 말하자 웅천교회 목사님이 이렇게 말했다.

"돌아보니 우리 교회에 부흥이 임한 것은 방언으로 기도하면서부터 입니다. 이 교회에 처음 와서, 주기철 목사님이 늘 기도하셨다는 무학산 십자가 바위에도 올라가 기도했습니다. 처음에 10여 명이 새벽 기도회에 나오는 것을 보고, 방언으로 기도하는 동지 50명을 붙여달라고 날마다 기도했지요. 후에 50명이 응답되어 그들과 합심해서 방언으로 구하기 시작했을 때, 하늘 문이 열리는 것을 경험했습니다. 역시 방언이 그 통로임이 확실합니다."

우리나라에서 가장 보수적이라는 평가를 받는 고신 교단에 속한 교회에서 강한 성령의 역사와 부흥을 경험하고 있다는 매우 지적인 이 목사님의 말에 나는 무척이나 놀랐다. 웅천의 작은 시골 교회가 수백 명으로 부흥하고 뜨거운 청년들로 넘치는 이유를 알 것 같았다. 그 비밀은 방언으로 드리는 깊은 합심기도에 있었다.

그래서 나는 가는 곳마다 작은 교회 목회자들에게 "방언으로 기도하는 용사 12명을 아니 30명을 붙여달라고 구하세요"라고 권면한다. 그러나 진정 하나님을 향하여 그 작은 은사에 집중할 사람은 드물 것이다. 화려한 프로그램과 시스템들이 얼마나 많은가. 반면 폼 나지도 않고 여러 판단이나 받는 방언의 용사로 순종하려면, 정말 '어린 아이'가 되지 않고서는 어려운 것이다.

전남 광주의 겨자씨교회에 집회를 갔을 때였다. 이름만 듣고 매우 작은 교회일 거라 생각한 내 예상을 깨고 주일 저녁에 2천 명이나 되는 교인들이 모였다.

"우리처럼 오랫동안 깊이 기도로 영적 전쟁을 해본 사람들은 알지요. 방언이 얼마나 중요하며, 영적인 하늘의 무기인가를…. 하나님의 나라는 탁상공론이나 지식으로는 알 수 없는 무엇이지요."

매우 지적이고 품격이 느껴지는 목사님과 사모님이 그렇게 말했다.

그날도 수백 명이 한순간에 방언을 체험하는 엄청난 역사를 경험했는데, 사모님이 집회를 위해 오랜 시간 깊이 방언으로 기도했음을 뒤늦게 알았다.

방언이 하찮고 쓸데없다 여기는 이들에게 이 말은 얼마나 어리석고 치우친 말인가! 그러나 성령님의 기름부음은 역시 경험해본 자만이 알 수 있다. 그 시골 교회 부목회자의 격식 없는 찬양이 영혼을 충만하게 한 것도 그 영의 간구로 기름부음이 넘쳤기 때문이다.

방언으로 성령님과의 깊은 교제가 내 영에 채워지면 기름부음이 넘친다. 물론 방언만이 기름부음의 능사能事는 아닐 터. 그런 함정에 빠져서도 안 된다. 그리고 진정한 사랑을 그 중심에 두지 않는 은사나, 능력에만 치우친 추구는 결국 온전한 그 본질을 알지 못할 것이다. 그러나 분명한 것은 방언이 성령님의 역사를 여는 귀중한 통로이며, 우리 영의 간구라는 것이다.

내가 만일 방언으로 기도하면 나의 영이 기도하거니와

고린도전서 14:14

'하나님은 영'이시기에 우리의 영으로 드리는 깊은 기도가 절실히 필요하다. 그것만으로도 우리가 방언에 집중해야 할 충분한 이유가 된다. 바울은 '사람의 사정'(깊은 본질, 필요, 상황, 문제 등)을 사람의 속에 있는 영 외에는 누가 알리요'고전 2:11라고 했다. 우리의 문제를 해결하려면 바로 그 영의 기도가 열려야만 한다.

그러나 우리는 세속의 유물적唯物的 감각에 둘러싸여 우리의 육적肉的 현실이 실체라고 생각한다. 하지만 우리의 실제는 '영'이다. 그런데도 영靈의 일을 너무 모르기에 육肉의 일과 체계를 붙들고 씨름하는 것이다. 방언은 그 영의 기도로 여러 막힌 문을 여는 하늘의 도구이다.

한신대 기독학생 연합회장과 그 팀이 투박하지만 혼신으로 찬양하는 그 한구석에서, 나는 이 밤을 주님께서 온전히 다스려달라고 간구했다. 그리고 양산에서 온 그 모녀들처럼 여기저기서 모여든 낯선 이들에게 방언과 성령의 기름부음에 대해 나누었다. 그런데 갑자기 주님께서 생각지 않은 마음을 주셨다. 경남 양산에서 온 권사님의 큰 딸에게, 자신이 경험한 성령님의 역사를 간증하게 하라는 것이었다.

언제부터인가 나는 주님께서 부어주시는 마음과 음성에 민감하게 되었다. 전에는 그저 내 생각이나 체득한 지식에 따라 움직이며 살아왔다. 그러나 성령님을 체험하고 방언의 기도가 깊어지면서 주님의 음성에 무척이나 민감해진 나를 발견했다. 그것 또한 방언기도의 큰 유익이다.

그 음성에 순종하여 양산에서 온 큰 딸을 찾았다. 내가 당부한 대로 그 어머니는 맨 앞줄에 두 손을 모으고 앉아 있었다. 그리고 큰 딸은 동생

이 방언을 받도록 하기 위해 동생의 아기를 돌보고 있었다.

"양산에서 오신 집사님, 지금 주님께서 저에게 이 마음을 강하게 주셨는데, 하나님께서 집사님에게 주신 은혜를 우리에게 나누어주실 수 있겠습니까?"

갑작스런 부탁인데도 그 집사님은 순종하여 아기를 맡기고 앞으로 나왔다. 나는 마이크를 건네고 옆에 서서 가만히 그녀의 간증을 기다렸다. 집사님은 잠시 망설이는가 싶더니 떨리는 목소리로 이내 간증하기 시작했다.

그런데 그 간증은 전혀 상상하지 못한 하나님이 예비하신 놀라운 선물이었다.

14
영으로 깨닫는 아버지의 사랑

"몇 년 동안 이유를 알 수 없이 온 몸이 몹시 아팠습니다.

병원에서도 원인을 모르고, 너무 아프다보니 서러워서 날마다 울었습니다. 목사님은 설교를 통해 하나님을 만나고 성령님을 체험해야 된다고 하셨습니다. 다른 성도들은 성령을 체험하고 방언도 하는데, 저에게는 주시지 않았습니다.

어느 날 금요 철야에서 저도 성령님을 만나게 해달라고 울며 간절히 기도했습니다. 그런 가운데 성령님이 임하시더니 갑자기 방언을 받게 되었습니다. 방언이 열리자 저는 그전과 달리 간절한 기도를 오랫동안 드릴 수 있는 놀라운 힘을 갖게 되었습니다.

10분도 기도하지 못하던 제가 1,2시간씩 기도를 하게 된 거죠. 걸으면서, 설거지를 하면서, 운전을 하면서도 날마다 방언으로 기도했습니다. 그러다가 신기하게도 아프던 몸이 말끔히 나았습니다.

어느 날, 역시 철야기도를 마치고 방언으로 기도한 후 머리를 바닥에 대고 잠시 쉬고 있었습니다. 그때 갑자기 이마의 근육이 움직이더니 입술까지 저절로 움직여지며, 제가 무언가를 말하기 시작했습니다. 제 의지로 하는 것이 아니라 저절로 어떤 말이 나오고 있었던 겁니다. 자세히 들어보니 그것은 '이사야서 62장 3절, 4절'이라고 반복하는 말이었습니다."

그 말을 듣는 순간 나는 내 영혼이 전율하는 것을 느꼈다.

이사야서의 그 말씀은 내가 성령님을 만난 후에 아버지가 자주 주셨던 말씀이다. 그런데 집사님은 자신은 한 번도 읽어본 적이 없는 말씀이었다고 말했다. 나는 그 자리에서 그 구절을 함께 읽어보자고 말했다.

너는 또 여호와의 손의 아름다운 면류관,

네 하나님의 손의 왕관이 될 것이라

다시는 너를 버리운 자라 칭하지 아니하며

다시는 네 땅을 황무지라 칭하지 아니하고

오직 너를 헵시바라 하며 네 땅을 쁄라라 하리니

이는 여호와께서 너를 기뻐하실 것이며

네 땅이 결혼한 바가 될 것임이라

이사야서 62:3,4

이 말씀을 읽을 때에 나의 영혼과 몸이 떨려왔다. 하나님께서 방언기도 가운데 그 집사님의 입술을 움직여 전해주신 그것은 놀라웠다. 바로 이것이 아버지가 우리를 부르시고 들려주기를 원하시는 그 방언의 본질이었던 것이다. 우리 영에 이 비밀을 부어주시려고 영의 기도를 열어주시는 것이다.

이것은 바벨론 포로로 끌려가서 오랜 고역苦役으로 인한 상처와 아폼으로 만신창이가 되어버린 이스라엘 백성에게 하나님께서 이사야를 통해 말씀하신 것이다. 이 말씀에 앞서 '여호와의 신神', 즉 성령이 임하시면 너희가 바벨론의 포로에서 풀려날 것이며, 다시 성전과 이스라엘 땅을 회복할(사 61:1 이하) 것이라고 하셨다. 그것은 예수님이 나사렛의 회당에서 선포한 바로 그 사명눅 4:18,19이었다. 그리고 그 날이 오면 '헵시바'(나의 기쁨은 그녀 안에 있다), 즉 다시는 그 땅을 황무지라 하지 않고, 오히려 큰 기쁨이 그 안에 있으며 '뿔라'(결혼한 신부)처럼 아름답게 여겨질 것이라는 것이다.

'이것이야말로 우리가 성령님을 통하여 누리는 가장 본질적인 영의 비밀이요 신령한 복이 아닌가!'

나는 너무나 감격스러워 견딜 수가 없는 지경이 되었다. 저 경남 양산이란 작은 도시에서 무명의 연약한 집사님이 성령님을 만났다. 그리고 방언의 기도가 깊어지자 하나님께서 그녀에게 이 말씀을 주신 것이다. 그녀도 과거 내가 그러했듯이 몸이 아프고 영혼이 아픈 사람이었다. 진짜 심하게 아파본 자만이 그 서러움의 깊이를 헤아린다. 세상에 버려진 듯 황무하고 서러운 풍경 속에서 신음할 때에, 성령님을 보내주시고 그렇게 말씀하신 것이다.

"너를 다시는 황무지라 하지 않을 것이니 너는 큰 기쁨이 넘치는 나의 신부요 나의 왕관이다."

아! 나는 이 말씀에 영혼이 떨리고 감격되어 어찌지 못했다.

그 집사님에게서 이런 간증이 나올 줄은 전혀 상상하지 못했다. 우리의 아버지는 당신의 백성들 속에 있는 진실과 충성을 정확히 아신다.

그것을 나누어주시려고 아버지가 그녀에게 간증을 시키라는 마음을 주신 것이다. 이 간증은 나만이 아니라 추운 밤을 뚫고 그곳을 찾아온 이름 모를 주主의 백성들의 심령을 후드득 흔들었다.

내가 어떤 메시지를 전하는 것보다 그 간증과 말씀이 그들의 영혼에 기름을 부었다. 그리고 함께 기도할 때에, 놀라운 성령의 불이 임했다. 수많은 이들이 방언으로 기도하고 기뻐 뛰며 그 기름부음 받은 영으로 주를 찬양하는 게 보였다.

"감사합니다. 아버지… 이것이 아버지가 원하셨던 것이지요."

나는 그들을 기도로 도우며 아버지께 감사드렸다.

진정 우리가 둔감하고 완악하여 듣지 못할 뿐, 아버지는 늘 우리 영혼에 그렇게 말씀하고 계셨던 것이다. 우리 영혼이 성령으로 충만해지면 그 음성을 들을 것이다.

나는 이것을 뉴욕의 맨해튼에서 성령의 권능을 구할 때에 누렸다. 21세기에 주님의 교회에 부어주시기를 원하는 그 기름부음을 구했는데, 갑자기 동석이라는 후배에게 방언을 받도록 기도해주라고 하시는 음성이 들렸다. 그 음성은 너무나 선명했고 나는 속으로 '겨우 방언이라니요?' 하였지만 순종했다. 그것은 솔직한 내 마음이었다. 나는 진정 주님의 교회에게 약속하신 권능을 구했다. '바벨론의 영', '음부의 권세'를 이겨낼 권능을 구했다. 그런데 방언이라니….

동석이는 어릴 적부터 머리털이 나지 않는 병으로 많은 열등감과 상처를 받아온 작은 영혼이었다. 어떻게 방언을 받게 하는지 나는 모른다.

다만 순종하여 성령님께 역사해달라고 기도하였다. 그 동석이와 방언 받기를 구할 때, 저절로 손이 움직여지더니 동석이의 등을 강하게 쓰다듬게 되었다. 그것은 멈출 수 없는 강력한 것이었으며, 동석이는 품에 안겨 내 옷을 적시며 울기만 하였다.

"주님… 도대체 제 손이 왜 이렇게 동석이를 쓰다듬는 것인가요? 그리고 동석이에게 어떤 은혜를 주신 것인가요?"라고 물을 때, 갑자기 심장이 터질 듯 견딜 수 없는 벅참 가운데 하나님의 음성을 들었다.

"나는 너희 가운데 이처럼 작고 연약하고 부족한 영혼일지라도… 이렇게 너희를 사랑한단다!"

그러면서 자꾸자꾸 내 손을 움직여 동석이를 쓰다듬었던 것이다. 혼자서 지치고 상처 받은 연약하고 황무한 작은 자, 그런 동석이를 하나님은 이스라엘을 부르시듯이 그렇게 '헵시바와 뿔라'로 부르고 만지신 것이다.

> 너의 하나님 여호와가 너의 가운데 계시니
> 그는 구원을 베푸실 전능자시라
> 그가 너로 인하여 기쁨을 이기지 못하여 하시며
> 너를 잠잠히 사랑하시며
> 너로 인하여 즐거이 부르며 기뻐하시리라 하리라
>
> 스바냐서 3:17

어릴 때부터 즐겨 부르며 감격하던 그 찬양의 원전原典인 스바냐서를 통해 성령님이 전해주신 그 아버지의 심정이 거대한 울림으로 메아리쳤다. 나는 심장이 터져버릴 듯 견디지 못하고 그 사랑 속에서 하나님 아버지를 부르기만 하였다.

그날 동석이는 방언을 받았다. 그 입에서 방언이 열리자 그렇게 울어댄 것이다. 그리고 그 후에 놀라운 영적인 변화와 기쁨을 누리게 되었다. 건조하던 영혼이 기도의 용사가 되어 하나님나라를 위해 헌신하고 있다. 나 또한 하나님의 사랑 가운데서 '하늘의 언어'라는 내 생애 상상도 못한 기름부음을 그때 받았다.

양산에서 온 이 집사님에게 주신 이사야 62장은 진정 방언의 본질이 무엇인지 가르쳐주시는 것이다. 이 '헵시바와 뿔라'는 이스라엘을 의미하지만 그 극치는 바로 하나님의 비밀이신 예수님에게서 드러난다.

이는 내 사랑하는 아들이요 내 기뻐하는 자라

마태복음 3:17

이것이야말로 성령님이 우리 심령에 부어주시는 하늘의 공통된 음성이다. 이것이 성령세례의 본질이다. 우리를 사랑하시는 하나님의 그 음성을 듣기 위해서, 아니 진정으로 성령이 임하시면 그 음성이 들려온다. 주님께서 비둘기같이 내린 성령으로 세례를 받으셨을 때, 하늘에서 들려온 아버지의 첫 음성이다.

많은 이들이 성령세례와 권능을 갈망한다. 그런데 그것을 구하는 가장 본질적인 이유가 다름 아닌 우리를 향한 아버지의 그 사랑을 누리고자 함이라는 것을 알지 못한다. 그저 자기 체험, 응답, 사역, 필요에 따라 성령을 구하는 것이다. 그러나 성령님이 오셔서 가장 먼저 하시는 것은 우리에게 아버지의 사랑을 부어주시는 것이다.

우리에게 주신 성령으로 말미암아
하나님의 사랑이 우리 마음에 부은 바 됨이니
로마서 5:5

이 소중한 성령님의 사역에 집중해야 한다. 사실 신구약의 모든 말씀들이 다 우리를 향하신 아버지의 예언이다. 그것을 한마디로 압축하면, "너는 나의 사랑이고 기쁨이다"라는 음성이다. 우리를 사랑하신다는 선언이다. 우리의 영이 성령님으로 열려서 그 아버지의 사랑을 듣는 것, 그리고 영으로서 그 사랑을 확증하신롬 5:8 그리스도의 비밀을 노래하는 것, 이것이 우리가 방언을 구하는 가장 중요한 이유라고 믿는다. 방언의 깊이에 도달하면 그 사랑이 내 영에 부어지는 것이다. 이것은 진정 믿는 자에게 나타날 것이다.

방언은 오직 하나님께 하는 것이고 그 영으로 '비밀'을, 즉 우리를 향한 아버지의 사랑과 은혜, 희열의 비밀 정원으로 인도하는 것이다. 영으로 드리는 기도가 깊어지면, 우리는 '성령으로 말미암아 부어지는 하나님의 사랑'롬 5:5과 그 확증이신 '예수 그리스도의 십자가와 보혈'롬 5:8의 그 깊이와 본질을 '영으로' 깨닫게 된다.

이것은 정말 경험해본 자만이 아는 것이다. 나도 본격적으로 방언을 회복한 후에 더욱 내 안에 사시는 그리스도를 깊이 누리게 되었다.

영으로 기도하는 것 외에도 바울은 영으로 찬양할 것을 당부하고 있다.

내가 영으로 기도하고 또 마음으로 기도하며
내가 영으로 찬미하고 또 마음으로 찬미하리라
고린도전서 14:15

그것을 '방언 찬양'이라고 한다. 나는 요즘 이 찬양을 하는 이들을 많이 보고 있다. 이제는 거의 보편화되었다. 부흥 팀의 고형원 전도사님은 놀라운 성령의 기름부음으로, 기도 가운데 나오는 방언 찬양의 멜로디로 곡을 쓴다고 하니 정말 놀랍다.

이제는 나도 기도할 때 내 영이 저절로 찬양을 하는데, 그때는 진정 주님의 깊은 임재 가운데로 들어가는 것을 느낀다. 그것은 내가 한 번도 고안하지 않은 멜로디이며 임재의 영역이다. 나는 날마다 습관을 좇아서 집 근처인 예술의 전당 옆산에서 기도한다. 큰소리로 하지는 않지만 점점 기도가 깊어지고 저절로 방언이 나오다가 내 영이 임계점臨界點에 도달하면, 나는 노래하기 시작한다. 다양하고 깊은 임재가 깃든 멜로디로 노래하다보면 내 영뿐만이 아니라 혼과 몸까지도 주님을 향한 사랑으로 애절해진다.

그러나 방언이나 방언 찬양을 믿지 않거나 모르는 이들은 이런 체험을 알 수가 없다. 이것을 깨닫지 못하니 그저 방언이란 은사에 집착하는 것이거나 어리석은 것이라 치부하여 무시하는 것이다. 그리고 방언을 한다 해도 그저 개인적인 은사 체험 정도에 그치고 말기 때문에 진정한 비밀의 정원을 누리지 못하고 만다.

방언에 대한 이런 이해를 가지고 기도할 때에, 우리는 하나님의 사랑인 십자가와 보혈의 은혜롬 5:8,9에 참예하게 되는 것이다.

나는 양산에서 온 집사님의 간증을 들으면서, 이곳에 오기 전 길을 잃고 발견한 '병점'을 문득 떠올렸다. 아버지께서 내게도 이것을 더욱 깨닫게 하기 위해 그런 아프고 고된 추억들을 생각나게 하신 것이라는 생각이 들자 눈물이 쏟아졌다.

지금은 이토록 씩씩하게 주님의 나라를 위해 달려가지만, 나 자신 또한 이 땅에서 그 허무하고 발 시리던 서러움으로 아픈 나날들을 보낸 것이다. 그러나 성령님을 만나고, 그분의 손에 붙들리어 주님의 진리와 능력 가운데 다시 직립하게 되었고, 그러자 내 어깨에서 무거운 짐이, 내 목에서 멍에가 부려져 나갔다사 10:27. 난 자유를 얻었고, 세상에서 그 어떤 것으로도 누리지 못한 영적인 기쁨을 누리게 되었다.

무엇보다도 가장 복된 은혜는 아버지의 사랑을 회복한 것이다. 아버지가 너무너무 그립고 아버지를 향한 경외함으로 가득해지고 다윗처럼 그 사랑을 갈망하게 된 것이다. 그리스도의 신부로서 거룩하고 용맹스럽게 싸우게 된 것이다. 여전히 힘겹고, 지치고, 아픈 이들을 찾아가 성령님의 능력과 기름부음을 나누라고 그것을 깨닫게 하신 것이라 믿는다. 그 어디에 있든지, 우리를 향한 아버지의 이 마음, 이 사랑, 이 언약의 말씀을 깨달으면 그곳이 바로 '하늘의 문'이요 통로인 '벧엘'이 된다.

우리가 방언으로 간구하는 것이 깊어질 때, 아버지는 우리를 향한 아버지의 마음과 뜻을 그 '하늘의 문'을 통해 나타내신다. 그 말씀에 언약하신 사랑과 기업과 전략 그리고 아름다운 심정을 계시해주신다.

이 집사님의 간증이 끝나고 합심하여 기도하는 가운데 놀라운 기름 부음이 임했다. 추운 밤을 삼켜버릴 듯이 성령님의 불꽃이 가득하였다. 여기저기서 방언으로 찬양하는 이들이 꽤나 있었다. 그것은 방언과 함께 하모니를 이루며 파문波紋처럼 울려 퍼졌다. 그 변방의 외진 곳에서 우리는 그렇게 뜨거운 성령의 '벧엘'을 누렸다.

> 내가 너와 함께 있어 네가 어디로 가든지 너를 지키며
> 너를 이끌어 이 땅으로 돌아오게 할지라
> 내가 네게 허락한 것을 다 이루기까지
> 너를 떠나지 아니하리라 하신지라
>
> 창세기 28:15

이 말씀을 심비心碑에 새기며 나는 다시 그 병점을 빠져 나왔다.

문득, 양산으로 돌아가고 있을 그 천국의 작은 동지들이 궁금해졌다. 그 밤에 다시 7시간을 가야 한다니 왠지 미안했다. 전화를 하자 차 안에서 방언을 하는 소리가 크게 들렸다.

"어머니가 지금까지 방언이 멈춰지지 않아 계속하고 계시거든요. 그래서 바꿔드리기가 뭐하네요."

나는 크게 웃으며 바꾸지 않아도 된다고 했다. 대신 오직 아버지만 바라보고 날마다 많은 시간을 성령님과 더불어 기도하시라는 당부를 전했다.

집으로 오는 길, 별이 총총히 박힌 까맣고 투명한 겨울밤은 결코 추워 보이지 않았다.

PART 3

빌립.집사처럼

빌립 집사처럼 사는 것은 주님처럼 사는 것이다.

성령님은 주님이 가셨던 그 사마리아로 빌립을 데려가신 것이다.

성령님의 기름부음은 우리가 꺼리던 그 풍경, 영혼, 삶들을 부둥켜안게 한다.

거기서 그들의 아픔과 상처, 세상의 가장 비루하고 연약한 '상한 갈대들',

성령님을 알지 못해 영적으로 허덕이고

음부의 권세에 눌려 죽어가는 '꺼져가는 심지들',

그들을 향한 예수님의 무한한 긍휼을 품게 하신다.

오직 성령이 너희에게 임하시면 너희가 권능을 받고

예루살렘과 온 유대와 사마리아와 땅 끝까지 이르러 내 증인이 되리라

사도행전 1:8

15
주님의 일을 구함

네가 낫고자 하느냐….

아침에 요한복음 5장을 읽으며 이 문장을 가슴에 새겼다.

38년 된 병자… 걷지 못하는 고통과 상처를 가진 이…. 천사가 가끔 와서 물을 동(動)하게 할 때 치유가 일어난다는 베데스다(자비)의 연못가에 서 그는 그렇게 하염없이 기다리고 있었다. 그런데 주님이 지나시다가 그 를 주목하셨다. 주님은 항상 이 땅의 아프고 지치고 죽어가는 이들을 주 목하신다. 우리는, 나는 무엇을 주목하는가….

"주님이 하시고자 하는 그 일을 하게 해주세요. 내 일이 아니라 주님 의 일, 주님이 바라보시고 주목하시고 관심을 가지시는 그 일을 하게 해 주세요."

아침에 산에 올라 이 간구를 간절히 드렸다. 나도 알지 못하는 사이 에 나의 일을 하고 있는 것은 아닌가 하는 두려움이 일었다. 정말 주님이 내 안에서 하시고자 하고 이루시고자 하는 그 일에 내가 붙들려 살기만을 바란다. 그 간구 가운데 문득 이 말씀이 떠올랐다.

그 사람의 병이 오랜 줄 아시고 주님이 "네가 낫고자 하느냐?"라고 물으셨다. 그런데 그는 물이 동할 때 누군가 자신을 못에 넣어주지 않는다며 자기 처지를 변명한다. 주님은 그의 말에 단호하게 말씀하신다.

"일어나 네 자리를 들고 걸어가라."

변명의 여지를 주지 않으신다. 어쩌면 그것이 사랑이리라. 환경 따지고 사람 따지고 자기 경험과 생각의 틀에 묶인 그 변명의 자리를 걷어치우고 일어서야만 진정한 하나님의 역사가 임한다.

요한은 그 사람이 즉시 나아서 자리를 들고 걸어갔다고 기록했다. 사도 요한만이 이 사건에 특별히 주목하고 있다. 그러나 유대인들은 이 일로 주님을 핍박한다. 이유는 우리가 잘 알듯이 안식일에 병을 고쳤다는 것…. 그것은 오늘도 동일하다. 생명보다 치유보다 주님의 일보다도 자기들의 사역, 비전, 연민과 상처가 더 중요한 것 아닌가. 주님은 말씀하셨다.

내 아버지께서 이제까지 일하시니 나도 일한다

요한복음 5:17

이 말씀이 내 영혼에 부어졌다. 진정한 치유는 '아버지의 일하심'을 이 땅에 나타내는 것이다. 주님이 그러하셨듯이 '그 일'을 이 땅에 이루는 역사이다. 이 일로 유대인들이 더욱 주님을 죽이고자 했다. 자신을 하나님과 동일하게 말씀하시는 것이 신성모독으로 여겨진 것이다.

요한이 말하는 이 유대인들은 이스라엘 사람 모두를 의미하는 것이 아니라 율법과 자기 틀에 얽매인 바리새인, 서기관, 율법사들 중 일부이다. 주님이 그들에게 더 충격적인 말씀을 하신다.

> 내가 진실로 진실로 너희에게 이르노니
> 아들이 아버지의 하시는 일을 보지 않고는 아무것도 스스로 할 수 없나니
> 아버지께서 행하시는 그것을 아들도 그와 같이 행하느니라…
> 아버지께서 죽은 자들을 일으켜 살리심같이
> 아들도 자기가 원하는 자들을 살리느니라
>
> 요한복음 5:19,21

유대인들에게 올무가 된 이 말씀이 오히려 내게 신선한 기름부음이 되었다. 결국 주님이 고통 가운데 있는 병자를 긍휼로서 치유하신 바로 그것이 '아버지의 그 일'이다. 포로 된 자, 아픈 자, 억눌린 자를 복음으로 일으키고 살리시는 그 일눅 4:18,19이 아버지의 일이고 주님의 일이셨다.

"아버지의 마음을… 주님의 긍휼을 부어주셔서 주님의 일을 하게 해주세요."

간절히 구하는데, 이 말씀이 문득 떠올랐다. 요즘 더더욱 '주님의 일'을 한다는 것에 대한 갈망이 크다. 그 기름부음을 날마다 구해왔다.

어젯밤 중보하시는 H 권사님이 전화를 하셨다.

"주일 집회에 참석한 교회 목사님이… 그 날 디스크를 위해 기도한 뒤 허리가 쫙 풀렸다고 정말 감사하다고 하시네요. 다른 이들도 나았고 대부분 방언을 받아 너무 기쁘다고…."

나도 감사했다. 아주 작은 교회에서 그 날 말씀만을 붙들고 예수님의 이름으로 기도하여 몇 명이 치유를 받았다. 주님의 일을 구하고 가난한 자에게 복음을 전하기 위해 기름부음을 달라고 간구한 이후, 최근에 집회 때마다 치유가 일어난다.

내가 그것을 한다기보다는 주님께서 그렇게 이끄시는 것이다.

솔직히 나는 치유나 축사逐邪에 대하여 그다지 관심이 없었다. 그것은 그 은사를 가진 이들이나 특별한 사역자들의 몫이라 생각한 것이다. 물론 아픈 이들을 위해서 기도를 한다. 그러나 진정으로 주님처럼 그들을 치유하려는 적극적인 마음은 갖지 못했다.

그런데 주님의 일, 관심, 그 길들을 살피다보니 그것은 피할 수 없는 것이라 생각되었다. 그것은 하나님이 붙드는 종, 그 기뻐하는 자들이 '상한 갈대'와 '꺼져가는 등불'을 일으키는 가장 중요한 일이었기 때문이다.

마태복음을 읽다가 안식일에 회당에서 손 마른 자를 고치신 주님의 이야기를 만났다. 사람들이 그 일을 고발하려 하자 주께서 그 일은 선지자 이사야의 예언을 이루시는 것이라 하셨다. 그 예언이 바로 이사야서 42장의 성령으로 세상에 공의를 베푸시는 일이다. '치유'는 은사나 사역의 영역을 넘어 하나님의 공의를 이 땅에 나타내는 것이다. 따라서 깊이 주목해야 하는 것이다.

오늘 요한복음의 그 말씀을 읽으며 온전한 치유는 바로 '아버지의 그 일'이며, '주님의 일'을 나타내는 것임을 깨닫는다. 내가 치유사역자가 아닌 것은 분명하다. 나는 그런 일들과 거리가 멀고 그 은사를 구한 적도 없다.

다만 내가 구한 것은 '주님의 일'이다.

내가 산 것이 아니요 오직 내 안에 그리스도께서 사신 것이라

갈라디아서 2:20

그것이 이루어지는 것이다. 그런데 내 안의 예수 그리스도께서 아픈
이들을 치유하기 시작하셨다. 지난 주말 인천의 가난한 아이들을 위한 집
회에서도 치유가 많이 나타났다. 나는 '예수 이름'의 능력과 권능을 강조
하여 나누었다. 혈루증을 앓던 여인이 그러했듯이 그 '어린양 예수'를 만
지도록 강조했다.

"그분을 만지면 그 기름부음이 흘러와 우리를 치유하고 우리를 구
원할 것입니다."

그러자 많은 이들이 나와서 주님의 말씀을 붙들고 기도하였다. 한
형제가 깁스를 하고 목발을 집고 왔다. 오토바이를 타다가 넘어져서 부러
졌다는 것이다.

"감독님이 오신다고 해서 병원에서 잠시 나왔습니다."

그 열심에 탄복했다. 나란 존재는 아무것도 아니지만, 그 믿음을 주
님이 만지시리라 믿었다. 그 청년은 만지기도 힘들던 팔과 다리가 거뜬하
다며 기도 후에 이리저리 다녔다. 그 즐거움 속에서 그에게 성령님이 새
로운 사명과 기름부음을 주셨다. 또 뒤에서 집회를 섬기던 나이 많은 집
사님도 만성 위장병이 사라졌다고 슬쩍 귀띔해주었다. 청년부 목사님의
지독한 위염이 사라졌다. 그는 인천에서 사역하며 대학교에서 전도할 때

마다 두려움의 영에 시달렸다고 한다.

"여호수아의 담대함, 성령님이 주시는 믿음을 주시도록, 나의 헌신과 열정을 넘어서 하나님의 본성에서 나온 극한 담대함을 달라고 구하십시오!"

기도 가운데 내가 그렇게 외친 이유를 그제야 알았다. 그 두려움이 위장병으로 나타난 것이다.

나는 그들이 각자 그 말씀을 붙들고 기도하도록 한다. 각자 말씀을 붙들고 기도하는 것이기에 폼도 안 나고 치유가 나타나도 약간 어설프다. 하지만 분명히 많이 치유되고 회복되었다. 매우 극심한 환자조차 치유되는 것을 보았다. 참으로 신기한 일이다.

내가 그런 일을 할 것이라고는 생각지도 못했다. 그러나 나는 다만 주님의 일을 구하고 구한 것뿐이다. 그 일이 바람처럼 그렇게 임했다.

사마리아로 간 빌립은 사도가 아니지만 예수님이 하신 그 일을 그도 하였다. 그것이 주님이 명하신 '성령의 권능으로 증인이 되는'[행 1:8] 일이다. 그런데 주님의 하시는 일을 목격하고 증거하는 일의 가장 중요한 부분 중 하나가 '치유'임을 요즘 더욱 깨닫게 하신다. 이 부분에 대해 성경이 말하는 것을 살피고 주목해야 한다. 그냥 막연히 걸어가는 것은 '악하고 게으른 것'이다. 더욱이 그것은 어떤 특별한 사역자만의 일이 아닌, 모든 성도들이 해야 할 일이다.

초대 교회의 역사 속으로 들어가보면 치유가 가장 중요하다. 왜냐하면 그것이 바로 '아버지가 하시는 그 일을 나타내는 것'이기 때문이다.

물론 특별하게 치유의 은사를 받은 이들이 있다. 그러나 모든 주主의 백성들 역시 그 삶으로 부르심을 입었다. 마귀가 가장 집요하게 교회를 공격한 공작 중 하나가 바로 진정한 '하나님의 일'을 축소시키고 막아버린 것이다.

> 내가 안식일에 사람의 전신을 건전케 한 것으로
> 너희가 나를 노여워하느냐
> 외모로 판단하지 말고 공의의 판단으로 판단하라
> 요한복음 7:23,24

후에 주님은 명절을 지키러 예루살렘에 올라가셔서 치유에 대해 다시 말씀하셨다. '전신'全身이란 육신만을 의미하지 않는다. 그것은 존재의 모든 것이다. 주님의 치유는 총체적인 것이다. 그것이 주님의 일이요 구원이다.

만일 내가 이 치유를 판단하고 남의 일인 양 생각한다면 그것은 바리새인의 태도이리라. 우리의 율법, 우리의 고정관념과 우리의 경험의 틀들이 진정한 안식과 창조의 역사를, 전신의 온전한 치유를 가로막고 있는 것은 아닌가! 우리 안에서 행하시는 그분의 일을 훼방하는 것은 아닌가!

하나님의 공의의 판단, 그 안목, 아버지의 마음, 그 눈에 긍휼을 부어주시기를 구하고 구한다.

16
새 방언

다시 일본의 오사카 땅을 밟았다. 한국보다 앞선 봄기운이 만연했다. 속히 이 땅에, 이 영적인 동토冬土에 성령의 봄이 임하기를 기도했다.

오사카의 변방에서 사역하는 선교사님이 나를 어디론가 인도했다.

"감독님, 오사카에서 노숙자들을 사역하는 선교사님이 계신데… 오시는 날 거기서 예배를 함께 드리실래요?"

언젠가 이 선교사님이 전화로 그렇게 말해서 나는 좋다고 했다.

오직 성령이 임하시면 권능을 받고… 그 '권능'이 나로 하여금 예루살렘과 온 유대와 사마리아와 땅 끝까지 이르러 '증인'이 되게 한다행 1:8. 일본은 내게 그 '사마리아'이다. 예루살렘과 땅 끝, 그 사이에 주님이 약속하신 땅 사마리아가 있다. 나는 그곳에 가기를 소망하였다.

주님의 명령에 순종하는 그것이 그분의 증인이 되는 삶이며, 그렇게 땅 끝까지 그분의 증인이 되려는 갈망에 반드시 거쳐야 할 지점이 '사마리아'이다. 이곳을 통과하지 못하면, 그 땅을 밟고자 하는 주님의 마음이 부어지지 않으면 배우고 애쓰나 항상 제자리걸음이다.

이 시대의 '사마리아'를 찾아야 한다. 그 땅은 남들이 꺼리는 곳이다. 성경을 면밀히 읽어보면 주님은 사마리아에 그토록 가기 원하셨다. 하나님의 아들이신 그분은 그 땅을 너무나 가고자 하셨다. 그렇다면 우리도 가고자 해야 한다. 주님의 길이기 때문이다.

예루살렘교회는 그 지경과 온 유대와 사마리아와 땅 끝까지 주님의 증인이 되라는 말씀을 받았지만, 사마리아로 가지 않았다. 결국 스데반의 순교와 이어지는 박해로 흩어진 것이다. 사마리아로 가지 않으면 그 땅을 지향하지 않고, 자신들 안의 기름부음과 능력 체험에 묶이면 매를 맞는다. 맞아도 잘 알지 못한다. 그래도 계속 그 안온한 울타리 안에서 허덕이는 것이다.

빌립은 흩어져 달려가는 평범한 성도들의 대열 속에 있었다. 그는 '사마리아'로 갔다. 성령님의 인도하심과 전략대로 그는 사마리아로 갔다. 성령님은 주님의 길과 영광을 나타내신다. 그분의 진리와 갈망, 그 하늘 역사로 이끄시는 것이다. 나도 빌립 집사처럼 사마리아로 가기를 소망했다. 주님의 마음이 흐르는 그곳에 나도 가기를 바라는 것이다. 그런 간구를 꾸준히 하자 성령께서 생각지 않은 일본으로 나를 인도하셨다. 그리하여 3년간 일본을 위해 기도하고 섬기는 일을 하였다.

그런데 그곳에서도 더욱이 사마리아와 같은 노숙자들과의 예배라니… 거절할 수 없는 유혹(?)이었다. 처음 선교사님의 전화를 받았을 때는 그냥 예배에 참석하는 것으로 알았는데 알고 보니 집회를 하는 것이란다.

약간 설레는 마음이 스친다. 나는 방송에서 노숙자들에 대한 다큐멘터리를 많이 했다. '지극히 작은 자 하나'에게 한 것이 곧 주님께 한 것_{25:40}이란 말씀을 붙들고 그런 이들을 찾아 촬영한 것이다. 그러나 최근에는 집회에 집중하느라 그 풍경 속에 가지 못했다.

나를 믿는 자는 나의 하는 일을 저도 할 것이요
요한복음 14:12

믿는 자들에게는 이런 표적이 따르리니
곧 저희가 내 이름으로 귀신을 쫓아내며 새 방언을 말하며…
병든 사람에게 손을 얹은즉 나으리라
마가복음 16:17,18

저물매 사람들이 귀신 들린 자를 많이 데리고 예수께 오거늘
예수께서 말씀으로 귀신들을 쫓아내시고 병든 자를 다 고치시니
이는 선지자 이사야로 하신 말씀에 '우리의 연약한 것을
친히 담당하시고 병을 짊어지셨도다' 함을 이루려 하심이더라
마태복음 8:16,17

오사카로 가면서 나는 이런 말씀들을 다시 살폈다.
진정 주님을 믿고 따르는 이들은 그분이 '하신 일들'을 해야 한다. 그것이 믿음의 길이고 증거다. 우리의 믿음이란 고작 알량한 자기 확신이나 주장을 선포하는 영역에 머물러 있는 것이 아닌가! 믿는 자의 증거와

표적이 따르지 않으면 참으로 심각한 지경에 이른다. 예수께서 이루신 그 십자가의 구원은 말씀으로 우리의 심령만 변화시키는 것이 아님이 자명하다. 그 구원은 우리의 영과 혼과 육신에 이르는 전체를 포함한다.

그러므로 내가 너희에게 이르노니
사람의 모든 죄와 훼방은 사하심을 얻되
성령을 훼방하는 것은 사하심을 얻지 못하겠고

마태복음 12:31

이 말씀이 나오게 된 동기는 놀랍게도 바리새인들이 주님께서 성령님의 능력으로 병을 고치고 귀신을 쫓아내자 '바알세불'의 힘을 빌려 그 일을 한다고 비난했기 때문이었다. 바리새적인 관념을 가진 이들은 '치유나 축사'에 대해 매우 부정적이었다. 그전에는 나도 이 말씀을 읽고 그들을 비판하는 마음만 가졌다. 그런데 그런 나에게도 그 일들에 대한 부정적인 관점이 오랫동안 자리하고 있었음을 알았다. 나 역시 성령님의 은사나 능력 행함, 치유, 축사, 표적과 기사奇事에 대해 치우친 마음이 있었다는 것을 부인하지 못했다.

그런 일들을 행하는 이들 가운데 나타난 부정적인 풍경들, 주님을 닮아 겸손하고 온유해야 하는데도 진정한 섬김의 기름부음으로 행하지 않는 일들, 자기 사역을 드러내고 육신을 따라 자랑하는 것 역시 심각한 문제인 것은 사실이다.

그러나 주님의 사역 중에 중요한 부분을 차지하는 치유나 축사를 무조건 비판하는 이들도 성령님을 훼방하는 두려운 위치에 있다. 나 역시 내 안에 사시는 주님이 행하시고자 하는 그 역사를 훼방한다면 그들과 다를 바 없다. 내가 주님이 명하시는 것을 적극적으로 순종치 않는다면 나도 성령님을 훼방하는 것이며(이것은 명확하다) 바리새의 영에 붙들린 것이다.

> 우리가 이같이 큰 구원을 등한히 여기면 어찌 피하리요
> 이 구원은 처음에 주로 말씀하신 바요 들은 자들이 우리에게 확증한 바니
> 하나님도 '표적들과 기사들'과 '여러 가지 능력'과 및 자기 뜻을 따라
> 성령의 나눠주신 것으로써 저희와 함께 증거하셨느니라
> 히브리서 2:3,4

나는 최근에 사도행전을 깊이 탐구하며 깜짝 놀랐다. 초대 교회는 내가 치우치다 생각한 그 '표적과 기사'를 간절히 구했으며 그것으로 강력한 복음의 증인들이 되었다.

> 제자들이 나가 두루 전파할 새 주께서 함께 역사하사
> '그 따르는 표적'으로 말씀을 확실히 증거하시니라
> 마가복음 16:20

이것은 충격이었다. 제자들을 진정으로 확실한 증인이 되게 한 '그 따르는 표적들'이란, 주님이 바로 앞서 말씀하신 '믿는 자들에게 따르는

표적들'막 16:17이다. "예수님의 이름으로 귀신을 쫓아내고", "예수님의 이름으로 새 방언을 말하며", "예수님의 이름으로 뱀(악한 영)을 집으며 무슨 독(비진리, 영적 공격)을 마신다 해도 해害를 받지 않고", "예수님의 이름으로 병든 사람에게 손을 얹으면 낫는" 이것이다.

이것은 사도행전 1장 8절과 동일한 내용이다. 이것은 식상한 의문(儀文, 문자)이 아니다. 이것은 엄청난 영광의 능력이요 계시이다. 성령님께서 내 안에서 그렇게 증거하고 계신다.

"우현아, 예수 그리스도의 이름에서 나오는 그 권세와 능력은… 네가 상상하는 것을 초월하는 실로 엄청난 영광이며 강력이다! 그것을 다시 회복하고 나누어라!"

> 은과 금은 내게 없거니와 내게 있는 것으로 네게 주노니
> 곧 나사렛 예수 그리스도의 이름으로 걸으라
>
> 사도행전 3:6

내가 치유에 눈을 뜨고 그것을 여는 능력을 구했을 때 주님이 이 말씀을 주셨다. 이것은 사도행전 1장 8절만큼이나 익숙한 말씀이다.

"성령님의 임재로 탄생한 초대 교회가 소유한 그 권능이 무엇인지를 나타내는 것이다. 그들이 가진 능력의 어떠함을 기록한 것이다."

주님은 이것을 그렇게 깨닫게 하셨다.

사도행전을 읽어보면 진정 이것이 엄청난 권능이 되어 초대 교회를 부흥케 했다는 것을 알게 된다. 나는 아무것도 모르는 가운데 오직 주님

께 이 시대의 영광스러운 회복을 위해 부어주기를 원하시는 그 기름부음을 달라고 구하였다. 그 응답이 '새 방언'이었다. 처음에는 '그것이 무에 놀라운 기름부음인가?' 하고 속으로 실망하였다.

그런데 나를 부인하고 순종하는 여정에서 나는 놀라고 놀랐다. 진정 오순절 이후 초대 교회만이 아니라 지금도 여전히 '새 방언'은 믿는 자들의 놀라운 표적이다. 아직도 우리는 그 깊은 경지와 비밀의 지경에 미처 도달하지 못했다. 주님의 그 말씀을 믿고 청종하는 이들에게 그것은 능력으로 임할 것이다. 우리가 생각하는 것보다도 이 표적들은 실로 엄청난 것이다. 거기에 다시 기름부음이 임하여 일으키는 것이 부흥의 표지, 계시이다.

그 다음에 열어주신 것이 놀랍게도 '예수님의 이름'이다.

17
일본의 지극히 작은 영혼들

"어… 저기 노숙자가 지나간다."

오사카의 이름 모를 거리로 들어서자 한눈에 노숙자로 보이는 남자가 걸어가고 있었다. 예전에 방송에서 다큐멘터리를 만들 때 나 역시 〈친구와 하모니카〉라는 노숙자 친구들의 이야기를 만든 적이 있다. 그들과 몇 년을 친하게 지내며 작업을 한 것이다. 그래서 노숙자들을 한눈에 알아본다.

"이게 뭐야!? 저 사람들이 뭐하는 거야?"

골목을 들어서자 상상 못한 풍경이 나타났다. 엄청난 수의 노숙자들이 자기 배낭을 두 줄로 쫙 줄 지어 세우고 거리에 앉아 있는 것이다. 일본의 그들은 한국과 너무 달라 보였다.

"약 2만5천 명이 이 골목에 있습니다. 뉴욕보다 더 많다고 합니다."

그곳에서 사역하시는 선교사님이 말했다. 그것은 충격이었다. 2만5천 명이 넘는 노숙자들이 이 블록 안에 있다니…. 마치 영화 속에 들어와 있는 양 나는 전율을 느끼며 그곳을 스쳐갔다.

저녁 식사를 마치고 다시 교회로 행하는데 골목길에 들어서기 전에 오토바이 하나가 엄청난 속도로 차 옆에 생긴 아주 좁은 공간으로 쌩 지나갔다. 순식간에 식은땀이 흘렀다. 그리고 다시 노숙자들의 골목길로 접어드는 순간, 자전거 한 대가 갑자기 튀어 나와 차가 급정거를 하였다.

거의 0.5초의 순간적인 상황에서 겨우 사고를 모면했다. 우리는 모두 소리를 질렀고 머리를 앞 의자에 박았다. 그런데 문제를 일으킨 그 문제적 자전거 여인이 차 앞에 서서 우리를 쏘아 보았다. 진하게, 하얀 화장을 한 젊은 여인은 마치 이 세상 사람이 아닌 듯 보였다. 공포영화 속에 나오는 섬뜩한 표정으로 그렇게 쏘아 보더니 이내 사라졌다.

"평소보다 천천히 몰아서 망정이지… 정말 큰 사고치를 뻔 했네."

선교사님이 '후유' 한숨을 내쉬며 말했다. 나는 속으로 기도하기 시작했다. 이제 바로 노숙자들에게 말씀을 전해야 한다. 그런데 이것이 마치 내 기를 꺾으려는 공격처럼 느껴졌다. 일본에서 사역할 때 겪은 영적인 어려움과 집요한 공격은 혀를 내두를 정도다.

'주님… 오직 주님이 하시고자 하는 그 일을 나타내주세요. 단 한 영혼이라도 만지기를 원하시는 그 영혼을 치유해주세요.'

수많은 집회를 했고, 노숙자들의 생리도 잘 안다 자부해서 약간 방심했는지도 모르겠다. 더욱더 간절히 성령님의 인도하심을 구하며 교회 문을 열었다.

"이게 뭐야!"

단말마를 외치며 나는 다시 문을 닫았다. 예배당은 매우 작을 거라 생각했고 밥을 먹으러 온 이들이 한 50여 명 정도 듬성듬성 앉아 있을 것이라 예상했다. 그런데 생각보다 큰 공간에 200여 명 넘는 노숙자들이 가득 차 있는 것이다. 그들은 빈틈없이 앉아서 열심히 찬양을 하고 있었다.

그동안 많은 노숙자들을 만나왔지만 한꺼번에 이렇게 많은 이들은 처음이다. 게다가 그들이 닫힌 공간에 함께 모이자 거기서 풍겨나는 악취의 내공內功은 가히 충격이었다. 밖에서 선교사님이 빙그레 웃으며 보고 있다.

나는 다시 문을 열고 들어가 맨 앞쪽으로 성큼 걸어가 앉았다. 이래봬도 나도 한때는 '노숙자 전문 피디'라는 별명을 가진 자다.

살아 계신 주 나의 참된 소망
걱정 근심 전혀 없네
사랑의 주 내 갈 길 인도하니…

일본어와 한국어 가사를 환등기로 띄워서 부르는 찬양, 놀란 것은 그들이 이 찬양을 알고 있고 열심히 부른다는 것이다. 키가 크고 깡마른… 나이가 들어 보이는 일본인 여자 전도사님이 열심히 찬양을 인도했고 노숙자 출신으로 보이는 한 노인이 드럼을 치고 있었다. 몇몇 노숙자들이 낯선 이방인을 대하듯 나를 쳐다보았다. 기가 조금 눌리는 기분이었다.

성령님의 권능을 구한 뒤로 나는 어디서도 영이 눌린 적은 드물다. 늘 '여호수아의 극한 담대함'을 구하고 구한다. '하나님이 우릴 기뻐하시면… 저들은 메뚜기에 불과합니다'라는 여호수아와 갈렙의 이 선포를 늘 심중에 흐르게 하였다. 그런데도 기분이 묘하다. 아무도 나에게 언제 무엇을 하라는 말을 해주지 않아 나는 그냥 앞에 앉아 함께 찬양을 부르며 속으로 기도만 했다.

'주님, 도와주세요. 내 안에 사시는 주님… 당신의 사심을, 그 사랑과 능력을 나타내주세요. 당신이 기뻐하시는 일을 이들에게 이루어주세요.'

예배 후 식사 시간이 정해져 있었기 때문에 상대적으로 말씀을 나눌 시간이 너무 짧았다. 그 시간 안에 메시지를 전하고 치유를 위해 기도한 다는 것은 난망했다. 평소에도 1시간 정도 말씀을 나누고 성령님의 임재 와 능력을 구하는 기도를 40여 분이나 하는데, 겨우 20여 분의 시간에 무 엇을 다 하기란 어려운 것이다.

물론 이런 상황에서 꼭 치유를 위한 기도를 할 필요는 없다. 이들은 내 메시지나 기도에 관심조차 없을 것 같았다. 빨리 예배 행사(?)를 마치 고 밥 먹기를 더 기다리는 눈치였다. 그러나 나는 이들과 함께 치유를 위 한 기도를 하고 싶었다. 당연히 이들 가운데는 몸과 영혼이 아픈 이들이 수두룩할 것이다. 주님께서 이들을 만지시는 그 역사를 보고 싶었다.

나는 진리의 성령님께 지혜와 총명을 달라고 구하며, 또 말씀을 달 라고 간절히 구했다. 그때 열심히 찬양하던 전도사님이 갑자기 찬양을 멈 추고 나를 쳐다보았다. 내가 나가야 할 시간이 되었다.

'주님, 도와주세요.'

내가 앞으로 나가자 한 아주머니가 곁으로 다가왔다. 그 분이 나의 통역을 하시는 모양인데 강대 앞에서 처음 만나다니….

"한국에서 여러분과 함께 예배드리기 위해 왔습니다. 저는 그전에 한 국 KBS 방송에서 다큐멘터리 만드는 일을 했습니다. 만나서 반갑습니다."

나는 애써 밝은 미소를 지으며 그렇게 입을 열었다. 그 말을 일본어로 통역하자마자 찬양대석에 앉았던 한 사람이 마구 소리를 내며 떠들기 시작했다. 순간 여기저기서 동요하며 여러 명이 소리치기 시작했다.

"이들 중에는 회사 사장이었던 사람도 있고, 대학 교수, 유명한 영화 감독 출신도 있습니다. 그런 사람들이 한순간에 노숙자가 되는 경우가 많습니다."

선교사님이 식사를 하며 했던 말이 생각났다. 일본의 중년들은 회사와 가정과 인생에 대한 스트레스와 허무로 갑작스럽게 홈리스homeless가 되는 경우가 많다고 한다. 전반적으로 허무와 죽음의 영이 그들을 지배하고 있는 것이다. 그 말을 들었을 때, 내 마음이 쿡쿡 쑤시듯 아파왔다.

'성령님을 통해 진리와 자유의 영이신 우리 주님을 만나는 수밖에 없다!'

나는 그렇게 생각했다.

갑작스러운 소동에 예배를 진행하던 노인이 떠드는 사람을 찬양대 구석에서 마구 끌어내기 시작했다. 나는 그가 혹시 그 영화감독 출신이 아닌가 하는 엉뚱한 생각을 했다. 내가 감독이라고 소개하니까 자기도 감독이었다고 말한 것이 아닌가 하는 상상….

다시 여기저기서 떠드는 소리들이 터져 나왔다.

"그냥 놔두세요. 저는 상관없습니다."

금세 아수라장이 되는 것 같아 나는 그렇게 말했다. 통역을 통해 나의 말이 전해졌지만 그들은 그것과 상관없이 거칠게 그를 끌어냈다. 이것이 영적인 공격이라는 생각이 들자 나는 더욱 당황스러웠다. 나는 어찌할 수 없어서 그냥 가만히 서 있었다.

'주님… 당신이 일하소서. 당신이 만지소서.'

나는 그렇게 구하기만 하였다. 나중에 알았지만, 이곳의 규칙상 예배를 방해하면 무조건 밖으로 나가야 한다고 한다. 일본인들은 노숙자들조차 매우 질서 있고 남들에게 피해를 주지 않는다지만 이 상황은 조금 난감했다. 소란을 일으킨 사람이 밖으로 나가자 나는 약간 상기된 채 말씀을 나누기 시작했다. 예수님이 이 땅에 오신 이유가 바로 회복하시는 하나님의 역사를 이루시기 위함이라는 것을 전하였다.

마침 고난주간의 마지막 날이었다. 주께서 이 세상에 오셔서 마귀의 지배 가운데 사로잡힌 영혼과 육신이 죄악에 묶여 있고 병들었고 고통당하는 그들을 천국복음과 성령의 능력으로 치유하시고 자유케 하셨다고 애절하게 외쳤다. 또 주님이 십자가에서 고난을 당하신 것은 당시 팔레스타인에 살았던 그들만이 아니라 오늘 우리에게, 인류 전체에게, 그 역사를 이루시기 위함이라고 의연히 전했다.

그 예수님을 믿으면 오늘 이 시간에도 부활하셔서 우리와 함께하시는 그분을 만날 수 있다고 전했다. 그들에게 이런 메시지가 들어갈는지는 솔직히 의문이었다. 그러나 나는 복음을 전하는 중인일 뿐 그 역사는 주님이 이루실 것이다. 마지막으로 주님을 영접하면 바울이 말했듯이 이제는 '내가 산 것이 아니요 오직 내 안에 그리스도께서 사시는' 것이니 그 능력과 역사를 경험할 수 있다고 했다.

그리고 "아멘!" 하고 외쳤다. 그들도 습관적으로 아멘을 따라 했다. 비록 제공되는 식사 때문에 마지못해 예배에 참석하는 이들이 많겠지만, 거의 날마다 예배를 드리니 신앙을 갖게 된 이들도 많은 것 같았다.

나는 하나님의 은혜와 치유를 경험하기 위해 주님을 영접하는 기도를 하자고 청했다. 통역해주시는 분의 도움으로 그들도 소리 내어 함께 기도하였다.

"예수님, 감사합니다. 나를 위해 십자가를 지시고 보혈로 내 죄를 사하시고 구원해주심을 감사합니다. 예수님, 내 마음을 엽니다. 이 시간 내 안에 오시옵소서… 그리고 나의 구주, 나의 왕이 되어주옵소서. 나를 치유하시고 회복시켜주옵소서."

고맙게도 대부분 이 기도도 따라 했다. 어느 정도의 진실성을 담은 기도인지는 나도 모른다. 그러나 성령님이 역사하시면 이들 가운데 주님의 사랑과 은혜가 자리할 수 있을 것이다.

"여러분 가운데 몸이 아프고 영적인 고통 가운데 있는 분이 계시면 손을 들어주세요. 제가 기도로 도와드리겠습니다."

드디어 나는 그 말을 하고 말았다. 당연히 이들은 온갖 질병과 고통에 시달릴 것이다. 적어도 서너 명은 손을 들 것이고, 그들과 함께 기도하여 병이 치유되거나 영적인 묶임에서 자유케 되면 다른 이들도 마음을 열 것이고, 그들이 주님의 역사로 믿음을 갖게 되는 일들이 일어날 것이라고 생각한 것이다.

그러나 단 한 사람도 손을 들지 않았다.

18
작은 만지심

놀랍게도 손을 들고 있는 것은 나 혼자였다. 나는 설마 하고 전체를 꼼꼼히 둘러봤다. 마치 영화 속의 한 장면 같았다. 수백 명의 노숙자들이 '저거 뭐야?' 하는 표정으로 뚱하게 나를 바라보고 있었다. 나는 당황하고 말았다.

이런 일이 발생하리라고는 예상하지 못했다. 최소한 서너 명은 손을 들 것이라고 확신했다. 얼굴이 붉어지고 마음이 휘청거렸다.

"여러분 중에 몸이 아픈 분이 계시면… 제가 예수님의 이름으로 기도해드리겠습니다."

나는 다시 용기를 내어 말했다. 역시 아무도 손을 들지 않았다. 다시 한숨이 새어나오려는 그 순간, 맨 뒤 문가에서 작은 손이 하나 들리는 것을 보았다. 뜻밖에도 나이 든 여자 분이었다.

홍일점…. 그 분은 단 한 명의 여자 노숙자였는데 손이 아프다고 말하며 손을 들었다.

"감사합니다. 기도해드릴게요. 또 없으세요?"라고 말하자 앞 쪽에 앉은 남자가 "얼굴이 못 생겨서 마음이 아파요"라고 진심으로 말했다. 주변의 친구들이 손을 내리라고 핀잔을 주었다. 단 한 사람, 하나의 영혼…

그것도 감사했다. 진정이었다.

"주님, 단 한 영혼이라도… 주님이 만지기를 원하시는 이를 치유해 주세요."

집회 전에 나는 그런 기도를 하였던 것이다. 나는 말씀을 마칠 테니 식사하시고 아픈 분들은 뒷자리로 오시면 함께 기도하겠다고 하고 끝냈다. 10여 분이다. 내 생애 가장 짧은 메시지를 그렇게 끝냈다.

그런데 그 여자 분이 기도를 하는 줄 알고 강단 앞으로 나왔다. 손가락뼈들이 부어서 너무 아프다는 통역이다. 몸집도 왜소하고 무척 여려 보인다. 정신이 불안정한 60대의 노인이다. 나도 집회가 바로 끝나는 줄 알았는데 헌금을 하는 등 다른 순서가 이어지고 있었다. 앞으로 나온 그 분과 나만 앞에 서서 기도하게 되었다.

그에게 예수님을 믿느냐고 물었다. 서슴없이 그렇다고 답했다. 나는 그의 손을 꼭 잡고 기도했다.

"주님, 이 딸의 아픈 손을 만져주세요. 전능자의 그 손… 그 긍휼의 손으로 덮어주세요. 예수님의 이름으로 명하노니 손가락의 부은 뼈마디와 통증들은 이 하나님의 딸에게서 떠나가라."

헌금과 찬양을 하는 시간이었으므로 나는 고요히 그렇게 속삭였다. 한국말로 했기에 그 분은 알아듣지 못했다. 두 사람만 강단 구석에 우두커니 남아 손을 꼭 잡고 기도하는 정경…. 아무도 우리에게 관심이 없었다.

"제가 빨리 가봐야 해요. 7시까지 집에 들어가야 하거든요."

통역해주시던 분이 약속이 있다는 말을 남기고 급히 떠난 뒤에, 손이 아프다는 분이 내게 뭐라고 말을 했다. 나는 통역을 해줄 수 있는 사람을 찾았다. 곧 동행한 선교사님이 보였다. 나는 급한 손짓으로 선교사님을 불렀다.

"부은 부위가 아까보다 가라앉았고 통증도 덜하다고 하시네요."

그런 말을 한 것이다. 나는 "아멘"을 외치고 그 분을 모시고 뒷자리로 갔다.

다른 분들은 질서 있게 줄을 서서 음식을 받아 가고 있었다. 역시 일본은 노숙자도 달랐다. 너무나 질서정연하게 식사하는 모습이다. 그런 이들이라 자기 몸이 아프다는 것을 남에게 알리는 것도 수치로 여긴 것일까?

나는 그녀의 손을 꼭 잡고 계속 기도했다.

"하늘과 땅의 모든 권세를 가지신 주님, 모든 질병과 고통을 담당하신 예수님의 이름으로 명하노니… 하나님의 딸을 아프게 한 통증은 이 몸에서 떠나가라."

문득 떠오르는 말씀이 있었다. 일본에 오기 전에 나는 그 말씀을 읽었다. 12년간이나 혈루증을 앓던 여인이다.

> 예수께서 가라사대 딸아 네 믿음이 너를 구원하였으니
> 평안히 가라 네 병에서 놓여 건강할지어다
>
> 마가복음 5:34

이 말씀을 읽을 때에 우리 주님이 얼마나 놀랍고 아름다운 분이신지 감격하였다. 율법에 '혈루증'血淚症이 있는 여인은 어떤 종교적인 모

임, 회당에서의 교제도 가질 수 없다. 심지어 가족들과도 떨어져서 살아야 한다. 무조건 이혼의 사유가 되며 가족에게 버림받기도 하는, 그런 병을 가진 여인의 고통은 오직 하나님만 아시리라. 다른 복음서에 보면 그녀는 수많은 의원을 찾아가 그것을 고치고자 하였으나 이루지 못했다고 나온다.

그녀는 병을 치유하시는 예수님의 소문을 듣고 그 옷에 손만 대도 나을 수 있을 것 같다는 소망을 가지고 나왔다. 그리하여 군중들에게 에워싸여 가시는 주님께 가까스로 접근하였다. 그것은 대단한 모험이며 율법을 어기는 위험한 시도였다. 그만큼 절박했던 것이다. 결국 그녀는 주님의 겉옷 가(옷술)에 손을 대었다. 그런데 주님은 당신에게서 어떤 영적인 역사가 흘러가는 것을 느끼셨다.

이것은 대단한 것이다. 이 말씀을 읽을 때 나는 갑자기 무언가를 깨달았다. '옷술'은 민수기에서 겉옷 귀퉁이에 말씀을 적어 매단 장식으로 이스라엘이 구별된 백성으로 하나님의 언약 백성임을 기억하도록 하기 위한 것이다.

그녀가 이것을 만졌을 때 '기름부음 받은 자', 그리스도의 능력이 흘러 나갔다.

옷술을 만지면 치유된다

갑자기 그런 깨달음이 내게 흘러들어 왔다. '하나님의 언약', 그분의 약속들을 믿고 순종하고 만지면 성령님의 능력이 부어진다. 그러면 그 어떤 자라도 하나님의 '딸'과 '아들', 자녀로 편입된다. 가족과 이웃 사회로부터 버림받은 그녀를 주님은 "딸아…"라고 부르시고 가족 삼아주신 것이다.

주님의 치유는 육신뿐만이 아니다. 그 영혼을 언약 가운데로 불러주시고, 병이 나아 가족과 사회에서의 관계까지 회복시키시는 것이다. 그러므로 치유는 매우 중요한 것이다. 예수님이 이루신 치유는 항상 통전적通典的이다.

"아아, 그 주님의 사랑… 긍휼… 그 마음을 알고 싶습니다."

나는 그렇게 기도하였다. 그 어떤 존재라도 하나님의 말씀을 만지게 하면 구원을 얻고 치유를 누리도록 할 수 있다.

그 옷자락을 만지게 하라

나는 이것이 나의 순종이라고 잠잠히 생각했다. 이 세상의 아프고 포로 되고 눈멀고 묶인 이들이 주님의 옷자락을 만지면 그 언약의 말씀을 붙들면 자유케 되리라. 일본 땅의 이 버림받은 노숙자들도 주님의 옷술을 만지면 천국의 가족이 된다.

그때 재밌게 생긴 할아버지 한 분이 내게로 왔다. 자기도 손이 많이 아프다며 기도해달라고 했다. 나는 그 분에게 예수님을 믿느냐고 물었다. 웃으며 그렇다고 한다. 나는 그의 새카만 손을 꼭 잡고 치유와 권능의 이름이신 예수님의 이름으로 온전해지기를 구했다. 그리고 확인해보라고 했다.

"아직 아프고…. 그보다 여자 친구가 다시 돌아오기를 기도해주시오"라고 그 할아버지가 말했다. 그러면서 앞에 앉은 그 할머니에게 관심을 보이는 것이다. 순간 긴장이 풀리면서 웃음이 났다.

"난… 친구가 따로 있어요."

할머니가 거절하며 말했다. 우리는 모두 웃었다. 이 절망의 모퉁이에도 인간적인 사랑과 갈증이 있다. 이들도 그 어떤 사랑이 필요한 인간인 것이다. 이번에는 머리가 벗겨지신 할아버지가 와서 진지하게 말했다.

"성경을 읽고 싶은데… 좀 줄 수 있겠소?"

주변에 사역자들이 보이지 않아 나는 급히 황 디모데 형제를 불러서 가지고 간 일본어판 《하늘의 언어》를 사인해 드렸다. 할아버지의 이름은 '고지마'였다.

"고지마 할아버지, 예수님을 믿으세요?"

내가 묻자 그렇다고 고개를 끄덕였다.

"이 책을 읽으시면… 아주 좋을 거예요. 소설처럼 이야기로 되어 있어서 재미있을 겁니다."

그렇게 말하는데 코끝이 짠하다. 일본어로 그 책을 나누라고 하신 분도 주님이시다. 일본을 위해 기도할 때 주님이 그 땅에 '하늘의 언어'를 나누라고 하셨다. 그것이 일본 교회를 회복하는 중요한 전략이라 하시며…. 응답 가운데 만화판도 거의 완성되었다.

그런데 그 책을 가장 먼저 받게 된 이가 이 노숙자 할아버지다.

지극히 작은 자 하나에게 한 것이 곧 내게 한 것이니라

마태복음 25:40

잠잠히 주님의 그 사랑과 마음을 만지며 나는 감격하였다. 이것이 하늘의 마음이다. 고지마 할아버지는 감사하다며 책을 꼭 쥐었다. 어디 아픈 곳은 없는가 물으니 허리가 무척 아프다고 했다.

"성경에 예수님이 우리의 모든 질병을 대신 지시고 십자가에서 돌아가셨다고 했습니다… 이를 믿으세요?"

그가 징계를 받음으로 우리가 평화를 누리고
그가 채찍에 맞음으로 우리가 나음을 입었도다

이사야서 53:5

선지자 이사야의 입을 통해서 성령님은 포로로 끌려가 고통과 속박 가운데 신음하는 이스라엘에게 이 놀라운 복음을 선포하게 하셨다. 이 세상에서 가장 어두운 어둠의 영에 속박당한 일본에서도 이 복음이 성령님을 통해 선포되면 예수님의 구원과 치유가 임할 것이다.

고지마 할아버지는 고개를 끄덕이셨다.

"그럼… 저를 따라 하세요. 같이 주님께 기도해요."

선교사님의 통역을 따라 할아버지가 진지하게 기도했다.

"예수님의 이름으로 명하노니… 허리의 통증은 내 몸에서 떠나가라! 주님의 보혈의 능력을 믿습니다. 그 흘리신 보혈로서 주님이 이미 이

루신 치유를 믿습니다. 주님의 보혈로 질병이 치유되고 생명이 흐르게 하옵소서!"

할아버지는 어눌하지만 또박또박 따라 했다. 여자 친구가 돌아오게 해달라던 할아버지도 약간 방해가 되었지만 옆에서 같이 기도하였다. 할아버지는 허리를 이리저리 만져보더니 "전보다 훨씬 덜 아픈데…"라고 말했다. 정말이냐고 묻자 그렇다고 한다. 우리는 모두 "할렐루야!"로 찬양했다.

나는 그 할아버지에게 계속 예수님의 이름으로 기도하면 완전히 나을 것이라고 말씀드렸다. 그 분은 고맙다고 하며 책을 꼭 들고 가셨다.

이제 나는 손이 부은 할머니를 꼭 끌어안고 다시 기도했다.

"주님… 당신의 이 딸이 오직 주님의 말씀으로 치유되며 이 역사로 더욱 당신 앞으로 나아가게 하옵소서. 예수님의 이름으로 명하노니… 하나님의 딸을 아프게 한 손가락뼈의 통증은 이 손에서 떠나가라! 이 딸은 하나님의 성전聖殿이다."

그녀가 다시 손가락을 가리켜 소리내어 말했다.

"부은 게 다 내려가고 이젠 아프지 않아요."

살펴보니 정말 처음에 부어오른 부위가 완전히 사라졌다.

"할렐루야! 할렐루우야아!"

우리는 모두 그렇게 하나님을 찬양했다. 그 분의 이름은 이카쿠였다. 여자친구를 찾는다는 할아버지는 마에다….

이카쿠, 고지마, 마에다….

주님은 그렇게 지극히 작은 자들을 만져주셨다.

19
아, 나의 사마리아

　나는 어떻게 일본이라는 나라를 품게 되었는가? 그 땅으로 가서 그
들을 섬기며 기도하게 되었는가?
　2006년 이전까지 내게 일본은 없었다. 일본의 소설이나 영화 또는
일본의 신앙적 소수자들에게서 받은 영향력 외에 내게 일본은 그다지 사
랑스러운 것이 없는 나라였다.
　우찌무라 간조와 미우라 아야꼬의 나라… 고교 시절 교과서 뒤에 감
추고 읽은 미우라 아야꼬의 《길은 여기에 - 청춘 편》는 언젠가는 내가 드
라마로 만들고 싶었던 물빛 그리움이었다. 무라카미 하루키나 마루야마
겐지의 소설과 기타노 다케시의 영화들…. 내 영혼이 매우 건조했을 때,
나는 그들의 여름 하오下午의 숲가에 일렁이는 해 그림자 같은 감성으로
겨우 연명하고 있었다.

　그런데 2006년 봄, 나는 대구에서 집회를 인도하고 오다가 내 안에
서 성령님이 거침없는 용암처럼 분출시키시는 기도를 하게 되었다. 그것
은 "주主는 그리스도시요 살아 계신 하나님의 아들이십니다"마 16:16라는
영의 고백이며 베드로가 한 것과 같은 고백이었다. 그 고백이 '음부의 권

세가 이기지 못하며' 땅에서 매든지 풀든지 하늘에서도 매고 풀리는 '천국의 열쇠'를 가진 주님의 교회에 대한 계시를 창출하게 했다. 성령님으로 말미암아 드린 나의 이 기도가 놀라운 하늘 문을 열고 말았다.

"천지를 창조하신 하나님 아버지, 아버지가 이 세상에서 가장 이루시기 기뻐하시는 그 일들을 가르쳐주시면 이 아들이 순전한 순종으로 이루겠나이다."

이 간구는 그저 평범한 것이 아니었다. 그것은 마치 주님께서 겟세마네에서 "내 뜻대로 마옵시고 아버지의 뜻대로 되기를 원하나이다"라고 하신 그 간구와 흡사하다. 그전까지 나는 내가 꿈꾸고 내가 구하는 무엇에 무게 중심을 두고 있었다. 2004년 봄에 성령님을 체험했으며 주님을 위해 살고자 했어도 말이다. 성령님의 권능으로 예수 그리스도의 증인이 되기를 갈망했지만, 여전히 '나'로부터 나오는 무언가를 구하고 살았다.

그런데 그날, 대구의 청년 집회에서 주님은 내게 회개의 영을 부어주셨다.

"아버지… 아빠… 나의 아버지… 아바 아버지…."

오직 그 말만을 되풀이하는 특이한 회개였다. 거의 30분 이상 나는 그것만을 부르짖었다. 나의 영은 성령님께 사로잡혀 오직 아버지만을 구하고 있었다. 주님처럼 순종과 사랑과 경외함을 다 드리는 그 고백…. '아바 아버지'를 내 영이 고백하는 것이다. 바울의 전언처럼 '우리에게 주신 성령으로 말미암아 하나님의 사랑'이 내 안에 부어졌다롬 5:5. 그때 나는 주님이 가르쳐주신 그 기도를 영으로 체감하게 되었다.

하늘에 계신 우리 아버지여 이름이 거룩히 여김을 받으시오며

나라이 임하옵시며 뜻이 하늘에서 이룬 것같이 땅에서도 이루어지이다

마태복음 6:9,10

아아, 이것은 실로 놀라운 하늘 문을 여는 전략이었다. 나는 혼적 지식이나 육신의 발로가 아닌 내 영으로 그분을 순전히 믿고 오직 아버지의 기쁘신 뜻, 그 하늘에서 이루신 뜻만을 구하게 된 것이다. 나는 이것이야 말로, 하나님의 뜻을 구하는 이 기도야말로 성령님이 열어주시는 가장 강력한 기름부음이라 믿는다.

그 간구는 하늘 문을 여는 비밀이었다.

초대 교회 제자들이 오순절 성령님으로 충만해져서 했던 고백….

저희가 듣고 일심으로 하나님께 소리를 높여 가로되

대주재大主宰여 천지와 바다와 그 가운데 만유萬有를 지은 이시요

사도행전 4:24

'하늘과 땅을 다스리시는 전능하신 하나님'을 그들은 영으로 선포한 것이다. 나는 이것이 진정한 '새 방언'이라고 믿는다. 영으로부터 솟아나 그 지식에까지 새롭게 창조된 우리 혼의 언어…. 하나님을 만물의 주인으로 선포하는 것이다.

그전에 그들은 참으로 연약하였다. 십자가의 자리에 가지 못하고 베드로조차 세 번이나 주님을 부인하였다. 잠시 어둠이 임했을 때, 다 낙망

하여 육신에 속한 형상 그대로 고향으로 도망친 존재들이 아닌가. 그러나 이제는 그들이 유대인들의 극악한 핍박과 위협 앞에서 "천지를 주관하시는 왕이시여! 만유를 다스리시는 하나님이시여!"라고 선포하는 것이다.

그 날 회개의 영이 부어진 후에 성령님은 내 영을 흔드셔서 거룩하신 하나님의 주권과 관점과 그 심장으로 나의 모든 생각과 갈망을 옮기셨다. 천지를 창조하신 그 하나님이 나의 아빠 아버지가 되신 것이다. 나의 모든 것이 하늘로 옮겨진 것이다. 나는 이것이 '자기를 부인하고 십자가를 지는 것'이라 믿는다. 내 경험으로도 진정 이것이 이루어져야만 주님을 따르는 그분의 참된 증인이 된다. 성령님을 체험했지만 여전히 나의 생각과 경험, 내 계획, 지식, 이 땅의 것들에 묶여 살아가던 내가 오직 하나님의 나라와 그의 의를 먼저 구하는 '체질 변화'를 이룬 것이다.

그렇게 되니 너무나 자유하게 되었다. 이것은 실로 혁명과도 같았다.

'하늘에서 이미 이루어진 성삼위 하나님이 기뻐하시는 그 뜻을, 제게 소원을 두시고 가르쳐주소서.'

그 날 이후로 나는 이 간구를 날마다 드린다. 그 간구의 즉각적인 응답이 바로 '일본'이었다. 그것은 전혀 생각하지 못한 것이다. 하나님께서 가장 이루기를 기뻐하시는 역사를 구하자, 곧바로 생각지 않은 응답이 왔다. 일본의 나가노라는 곳에서 불법 체류자 술집 아가씨들을 상대로 미용실을 하는 자매로부터 편지가 온 것이다.

《팔복 1-가난한 자는 복이 있나니》를 읽고 감동한 자매는 그 책과 영상을 술집에 다니는 아가씨들에게 나누고 싶다고 했다.

감독님, 이곳은 사마리아와 같은 곳입니다.
제가 받은 이 은혜를 사마리아의 여인들에게 나누고 싶습니다.

편지 말미에는 그렇게 적혀 있었다. 나는 얼마나 울었는지 모른다.
그동안 사마리아로 가기를 기도해왔기 때문이다. 그리하여 주님은
가장 작고 남루한 풍경 속의 영혼들을 통해 나를 일본이라는 사마리아로
이끄셨다. 그 후로 아버지가 이루신 그 역사와 결실은 상상을 불허한다.

> 여호와의 행사가 크시니 이를 즐거워하는 자가 다 연구하는도다
> 그 행사가 존귀하고 엄위하며 그 의가 영원히 있도다
>
> 시편 111:2,3

사마리아 같은 일본으로 들어가 지극히 작은 자들을 섬기는 가운데,
나의 영혼은 시편의 이 시를 자주 되뇌었다. 참으로 절묘하고 아름다우신
아버지의 사랑과 역사에 나는 전율하였다. 그리고 그 아름다움에 동조하
는 수많은 영혼들과 함께 일본의 지체들을 섬기고 그 땅을 위하여 중보하
였다.

능력 있고 진실한 치유사역자이신 손기철 장로님도 그들 가운데 한
분이다. 그 분은 나의 요청에 기쁘게 화답하여 아주 작은 영혼들을 위한
치유와 강력한 영적 전쟁을 동역했다. 일본을 오가며 나는 그곳의 형제들
이 영적인 것으로부터 시작해서 무수한 육신의 질병으로 고통당하는 것
을 보았다. 그러나 나는 병 고치는 은사를 가진 사람이 아니었다. 나는 다

큐멘터리를 만들어 그 아름다운 역사를 기록하는 일을 할 수는 있지만 치유와는 거리가 멀었다. 그것은 치유의 기름부음을 받은 선택된 소수자들의 전유물이었다.

그렇기에 지성적이며 말씀치유 사역을 수행하는 손기철 장로님은 내게 하나님의 뜻이었다. 장로님은 건국대학교 교수이면서 온누리교회에서 치유 사역을 하고 있었다. 성령님에 대하여 영상을 만들던 나는 그곳에 가서 촬영을 하며 그 분의 메시지와 사역에 감동했다. 그동안 치유라는 것은 나에게 매우 치우쳐 보이는 은사주의자들의 전유물이었는데 그의 사역은 거부감이 덜했을 뿐만 아니라 무엇보다 깊이 있는 말씀에 주목하게 되었던 것이다.

그 분을 모시고 나가노, 우에다 등 변방 도시에서 아주 소수이지만 영과 육신의 묶임 가운데 있는 이들을 주님의 손으로 치유하는 열매도 누렸다. 나는 손기철 장로님의 치유 사역을 곁에서 돕고 촬영하였다. 그 후 손 장로님의 사역은 그 지경地境이 한층 넓어졌다.

여기 내 형제 중에 지극히 작은 자 하나에게 한 것이
곧 내게 한 것이니라
마태복음 25:40

우리가 알아채지 못해서 그렇지 주님의 이 말씀은 엄청난 선언이다. 진정으로 믿는 이라면 누구나 주님께 무언가 드리기를 소망한다. 그런데 '지극히 작은 자 하나'를 섬기는 그 일이 곧 그분께 하는 것이라는 말씀이다. 그들을 먹이고 마시게 하고 입히는 섬김을 다하라고 주님은 명하셨다.

지극히 작은 자 하나에게 먹이고 마시게 하고 입히는 그것이 곧 우리 주님께 한 것이다. 천지를 창조하신 전능하신 하나님의 아들이 세상의 지극히 작은 자 하나를 통해 영광을 받으시는 것이다. 진정 겸손해지지 않으면, 오직 주님의 말씀과 명령과 그 뜻에 복종하지 못한다면 작은 자를 섬기기란 어렵다. 그들을 하늘의 사랑과 긍휼로 섬길 때 거기서 주님을 만나는 것이다.

그 섬김의 결과는 주님 말씀대로 '창세전에 예비하신 나라를 상속 받는 것'마 25:34이다.

주님이 내게 남들이 가지 않는 땅, 그 흑암과 황막함의 풍경 속으로, 사마리아로 가라 하신 것은 '그 나라'를 상속 받으라는 축복이라 믿는다. 그런데도 어리석은 이들은 큰 것과 드러난 것, 안온한 자기 틀만을 추구한다. 자기 울타리와 소소한 유익에만 몰두한다.

일본에서 돌아온 후 손기철 장로님의 사역은 정말 놀랍게 확장되었다. 그전보다 훨씬 더 강력한 기름부음과 더 큰 집회로 인도되었으며 규장 출판사를 통해 출간된 책이 그 사역의 기름부음에 불을 지피게 되었고, 지금은 선한목자교회에서 매주 3천 명 이상 모이는 놀라운 치유집회를 열고 있다.

나는 그것이 일본이라는 사마리아를 섬긴 것과 무관하지 않다고 생각한다. 그때 그곳에 함께 간 규장의 여진구 대표도 성령세례를 받았다.

그는 방언을 말하며 성령님의 생수를 경험하기 시작했다. 물론 그전에도 주님께 헌신되어 있었으나 혼적인 부분을 드리고 있다는 인상을 받았는데, 일본에 다녀온 후로 성령님께서 그를 놀랍게 변화시키신 것이다. 그러는 사이 《하늘의 언어》를 출간하게 되었다. 주님께서 그를 변화시키지 않았다면 그 책은 탄생하기 어려웠을 수도 있다.

그러고 보면 일본을 오가면서 나는 더욱더 영적으로 묶인 이들에 대한 주님의 마음과 긍휼을 만지게 되었으며 그것을 회복할 기름부음과 창조의 영을 날마다 구했다. 그 응답이 '하늘의 언어'라 믿는다. 나의 가는 길 역시 그 후 놀랍게 인도되기 시작했으며 그것은 내가 전혀 예측하지 못한 방향이었다.

하지만 한 가지, 그 역시 창세전에 예비하신 그 나라임에는 틀림없다.

20

영광스러운 주님의 교회를 위하여

일본을 다녀오며 나는 놀랍게도 '영광스러운 교회'에 대한 갈망이
내 안에 흐르고 있음을 깨닫기 시작했다. 그전에 '교회'에 대하여는 절망
이었다. 그러나 이상하게도 일본을 섬기는 여정에서 성령님은 내게 한국
은 물론 열방 가운데 있는 우리 주님 '예수 그리스도의 교회'에 대한 깊은
사모함을 부어주셨다.

그 교회는 베드로에게 약속하신 '음부의 권세를 이기는 교회'이다.
무엇이든지 땅에서 매면 하늘에서도 매이고 무엇이든지 땅에서 풀면 하
늘에서도 풀리는 '천국의 열쇠'를 가진 교회이다. 그런데 지금 우리의 교
회는 그 영광과 거리가 있다. 오히려 음부의 세력들에게 조롱당하는 것이
아닌가 하는 부끄러움이 있다. 비판하거나 폄하하는 것이 아니라 실상이
그러하다.

내가 이 반석 위에 내 교회를 세우리니 음부의 권세가 이기지 못하리라
마태복음 16:18

영광스러운 교회에 대하여 기도하고 있을 때에 이 말씀을 다시 보게

되었다.

주님은 당신의 그 능력의 교회를 '반석'盤石 위에 세우신다고 하셨다. 이 반석은 무엇인가? 문득 전혀 생각지 않았던 어떤 말씀이 솟구치듯 떠올랐다.

그러므로 누구든지 나의 이 말을 듣고 행하는 자는

그 집을 반석 위에 지은 지혜로운 사람 같으리니

마태복음 7:24

'반석 위에' 집을 짓는다는 것은 주님의 말씀을 듣고 순종하고 행하는 그 삶을 의미한다. 하나님의 언약을 생명처럼 붙드는 그 터 위에 영광스러운 그리스도의 교회가 세워지는 것이다. 그런 교회는 '창수'(漲水, 성경 전반에서는 음부의 세력)가 나도 무너지지 않는다. 이것은 내게 새로운 깨달음을 열어주었다. 결국 진정으로 주님의 몸이 되는 교회는 말씀을 붙들고 순종하는 것으로 이루어진다.

내가 천국 열쇠를 네게 주리니

네가 땅에서 무엇이든지 매면 하늘에서도 매일 것이요

네가 땅에서 무엇이든지 풀면 하늘에서도 풀리리라 하시고

마태복음 16:19

이것이 반석 위에 세워진 교회에 주신 약속이다.

음부陰府의 권세가 이기지 못하는 권세, 하늘의 문을 열어주시는 그 것은 새로운 권세다. 그 권세의 표가 바로 '천국의 열쇠'다. 중근동의 왕들은 그 권세의 상징으로 엄청나게 큰 열쇠를 어깨에 걸머지고 다녔다. 주님의 언약을 믿고 복종하는 교회에 주어지는 이 열쇠는 '무엇이든지 땅에서 매면 하늘에서도 매이고 무엇이든지 땅에서 풀면 하늘에서도 풀리는' 그런 것이다.

이 '매이고 풀린다'는 말은 완료수동태분사로 쓰였다. 그것은 이미 허용되거나 이루어진 상태를 의미한다. 이미 하늘에서 이루어지고 허용되어 있는 것이다. 그 권세를 사용하면 그렇게 되는 것이다. 주님은 하나님의 언약과 뜻에 복종하셔서 십자가를 지셨다. 그러므로 진정한 반석의 근원은 '그리스도'시다고전 10:4. 주님이야말로 오직 아버지의 뜻과 말씀에 복종하신 분이시다.

이 영적인 열쇠의 역사는 '하늘'에 이미 이루어져 있다. 십자가와 부활을 통해서 하나님의 영광을 가리는 음부의 권세를 깨트리고 승리하신 것이다. 이제 그 이루심을 믿고 순종하는 이들에게 그 이루신 일이 나타난다. 이것은 영광스러운 그리스도의 교회를 이루는 중요한 원리다. 나는 진리의 성령님께 가르침을 더 구했다. 역시 말씀을 열어주셨다.

사람이 먼저 강한 자를 결박하지 않고야
어떻게 그 강한 자의 집에 들어가 그 세간을 늑탈하겠느냐
결박한 후에야 그 집을 늑탈하리라

마태복음 12:29

이 말씀에서 그 '매이고 풀리는' 천국 열쇠의 실제를 깨닫게 되었다. '매다'라는 말은 헬라어로 '데오'deo로서 여기서 말씀하신 '결박하다', '묶다'이다. 그리스도의 교회에게 주어지는 그 하늘의 권세는 '강한 자'(사단, 음부의 세력)를 결박하는 능력이다. 예수께서 이미 십자가에서 그것을 결박하셨다. 그래서 완료수동태분사로 쓰인 것이다. 이미 승리하신 그것을 굳게 믿고 행하는 것, 그것이 '반석 위에 집을 짓는 것'이다.

이미 하늘에서 이루어진 영적인 승리와 결박과 풀림을 믿음으로 받아들이고 선포하고 기도하는 것이다. 그것으로 그리스도의 교회는 승리한다. 그러나 이 지식이 이미 주어졌는데도 망하는 자들이 그 복음의 지식을 교회에서 빼앗아 가버렸다.

그런데 놀랍게도 이 권세에 대한 말씀들은 모두 주님이 치유를 행하신 다음 하신 것이다. '매다'(데오)란 귀신 들려 눈멀고 벙어리 된 자를 고치시고 하셨으며, 땅에서 '풀다'라는 권세 역시 치유를 통해 그것을 드러내신다.

> 외식하는 자들아 너희가 각각 안식일에 자기의 소나 나귀나
> 마구에서 풀어내어 이끌고 가서 물을 먹이지 아니하느냐
> 그러면 십팔 년 동안 사단에게 매인 바 된 이 아브라함의 딸을
> 안식일에 이 매임에서 푸는 것이 합당치 아니하냐
> 누가복음 13:15,16

여기에 주님의 교회가 회복하고 사용할 권세와 열쇠가 다 나타난다.

소나 나귀를 '풀어낸다'는 것과 사단에게 '매인' 여인을 '풀어준다'는 말은 바로 성령의 기름부음으로 '포로 되고, 눈멀고, 묶인 자들'을 해방시키는 '희년'의 역사를 의미한다. 이미 예수께서 십자가에서 이루신 그것을 믿고 이 땅의 고통당하는 이들의 결박과 매임을 풀어주는 역사를 구해야만 하는 것이다. 이 역사가 나타나는 그것이 '반석 위에 세운 교회'의 진정한 모습이다. 그 정체성이다. 교회는 진정한 희년, 성령의 해방, 치유의 복음을 증거해야 한다.

그리스도께 순종하는 모든 제자들도 그 언약과 명령 위에 서야만 홍수가 나고 바람이 불어도 흔들리거나 무너지지 않는다. 그러나 오늘 우리 교회의 현실은 이 권세의 사용이나 능력과는 상당히 거리가 있다. 이것을 회복해야만 한다.

사마리아인 일본에 가서 영적으로 힘겨운 이들을 섬기면서 이 영역이 열리기 시작한 것이다.

그전에는 그런 것에 관심조차 없었다. 그런데 일본과 한국의 변방을 다니며 성령님의 능력으로 중보하면서, 나는 주님의 교회가 이토록 허약한가 싶어 가슴이 아프고 숨이 가빴다. 그것은 다름이 아니라 내 안에서 주님의 마음이 그러하신 것이다. 성령이 거하시는 성전聖殿으로 회복되었기에, 더 나아가 주님의 몸 된 교회가 시들고 아파하는 것이 통증으로 다가온 것이다.

"다시금 그 영광스러움을 회복해야겠습니다. 주님, 그 마른 뼈들에게 생기生氣가 들어가도록, 성령의 바람이 불도록 그래서 이 놀라운 천국의 열쇠를 사용하는 하늘 군대로 다시 살아나도록 제가 섬기겠습니다."

나는 날마다 이런 간구를 드리고 있었다. 하늘의 언어로 전국을 다니며 집회를 하면서도 그 지역에 다시 성령의 생기가 들어가고 성령의 바람이 불어서 다시금 교회가 일어서기를 구한 것이다.

영원부터 만물을 창조하신 하나님 속에 감취었던
비밀의 경륜이 어떠한 것을 드러내게 하려 하심이라
이는 이제 교회로 말미암아 하늘에서 정사와 권세들에게
하나님의 각종 지혜를 알게 하려 하심이니
곧 영원부터 우리 주 그리스도 예수 안에서
예정하신 뜻대로 하신 것이라

에베소서 3:9-11

하나님의 비밀한 경륜이 바로 '교회'이다. 이미 지식으로는 알고 있던 이것이 내 영에 얼마나 강렬히 부어졌는지…. 하나님은 그리스도 안에서 그 놀라운 하늘의 비밀과 지혜와 능력을 교회에 부어주셔서 정사와 권세들을 다스리게 하시려는 것이다. 나는 이것이 이루어지는 것을 너무나 보고 싶었다. 진정으로 하나님이 예정하신 그 권능을 보고 싶은 것이다.

다윗이 살아 계신 하나님과 그 군대를 모욕한 블레셋의 골리앗을 향해 견딜 수 없는 분노를 품은 것처럼 나도 음부의 권세에 허덕이는 그리스도의 교회의 이 영적 상황을 견딜 수가 없었다. 그것이 기름부음이다. 다윗 안의 그 기름부음, 그 성령님의 임재가 그러했듯이, 내 안의 '기름부음 받은 자', '그리스도'의 영이 그렇게 반응했다고 믿는다.

몸 된 교회를 향한 그 깊으신 갈망, 하나님께서 교회의 머리로 삼으신 우리 주님의 지시를 받아 그분의 살아 계심을 누리는 영광스럽고 위대한 능력의 몸을 본향처럼 그리워한 것이다. 실로 성령님이 그 은혜를 주셨다고 믿는다.

"영광스러운 주님의 교회를 회복하는 일에 저를 사용해주세요. 그것을 위한 권능과 하늘 문을 열어주세요."

그래서 날마다 그것을 구하고 구했다. 방방곡곡을 다니며 크고 작은 그룹과 주±의 백성들을 부둥켜안고 하늘의 언어로 기도하고 성령님의 능력을 구했다. 다른 도리가 없는 것이다. 오직 주님의 약속대로 성령의 세례를 받아야만 사는 것이다.

21
예수 이름의 능력

　새벽 미명에 비몽사몽 나는 여기저기를 다니며 '예수님의 이름으로' 많은 이들을 회복시키고 치유하고 있었다. 그러나 꿈인 듯 현실인 듯 그 가운데서도 나는 기도해야 한다는 강한 마음에 사로잡혔다.

　예수님의 이름이 진정한 능력이 되기 위해서는 주님처럼 수많은 시간을 기도에 드려야 한다. 어디선가 그 음성이 들리는 듯하여 잠을 깨었다. 이상하게 나는 새벽의 비몽사몽간에 이런 체험을 많이 한다.

　'기도해야 한다!'

　내 안에서 그 욕구가 강하게 일었다. 예수님의 그 놀라운 능력은 거저 주어진 것이 아니다. 내 마음에 새겨진 주님에 대한 강하고 감동적인 풍경 하나….

　해질 적에 각색 병으로 앓는 자 있는 사람들이
　다 병인을 데리고 나아오매
　예수께서 일일이 그 위에 손을 얹으사 고치시니
　누가복음 4:40

이것이 예수님께서 공생애를 사신 가장 보편적인 풍경이다. 집에서 쉬어야 할 황혼 녘에 주님은 수없이 몰려든 병자들의 머리에 일일이 손을 얹으시고 기도해주셨다. 예수님의 발치라도 따라갈 수 없는 나이지만 나도 이 삶을 닮고 싶었다. 누차 말하지만 나는 치유사역이나 어떤 사역에 대한 관심은 없다. 사역자도 아니다. 다만 주님을 따르는 그 길에 서고 싶을 뿐이다. 또 다른 풍경 하나….

날이 밝으매 예수께서 나오사 한적한 곳에 가시니
누가복음 4:42

한적한 곳에 가신 이유는 당연히 기도하기 위해서다. 다른 복음서들이 그것을 증거한다. 그런데 전날 밤을 꼬박 새워가며 병자들을 고치시고 귀신 들린 자들을 회복시키시는 일을 하신 후에도 그리하셨다. 밀려드는 가난한 이들, 고통 받는 이들을 예수님은 물리치지 못하셨다. 그 장면을 가만히 생각해본 적이 있다.

갈릴리의 남루한 시골에서 만왕의 왕, 하나님의 아들이 세상의 가장 작은 이들을 혼신으로 치유하고 회복시키시는 풍경…. 그분의 긍휼, 연민, 사랑의 헌신…. 순간 굳은 심정에서 통곡이 솟구치며 나도 주님처럼 그렇게 살고 싶다고 간구하였다. 아무런 속된 자랑도 영웅적 기색도 없이 주께서 그렇게 사셨듯이….

요즘 나는 그 어디서든 '예수님의 이름으로' 기도하고 담대히 치유를 시도한다.

그런 삶이 열리게 된 연원淵源을 찾아가보면 이렇다.

은과 금은 내게 없거니와 내게 있는 것으로 네게 주노니
곧 나사렛 예수 그리스도의 이름으로 걸으라 하고
사도행전 3:6

이것이 성령의 권능으로 증거되는 두 번째의 가장 강력한 역사였다. '내게 있는 것'이란 초대 교회가 소유한 성령의 권능을 의미한다. 그들에게는 '예수님의 이름'이라는 엄청난 권세와 능력이 있었다. 그들은 그것이 얼마나 놀라운 것인지 실제적으로 알고 믿었다. 그 믿음의 반석 위에 굳세게 서 있었기에 예수님처럼 앉은뱅이를 일으킨 것이다.

지금 나에게 이 '예수님의 이름'이란 그전과 사뭇 다른 기름부음이다. 이제 이것은 제자들이 그렇게 믿고 선포했듯이 이 땅에서 결박하고 푸는 '천국의 열쇠'다. 나는 날마다 성령님의 권능과 기름부음을 구했다. 그것이 예수님의 증인이 되게 하고행 1:8 주님처럼 가난한 자에게 복음을 증거하게 하기 때문이다눅 4:18,19. 그 간구의 첫 번째 응답이 '방언'이었다. 그리고 두 번째 응답이 '예수님의 이름'의 권세였다.

모두 이전의 나에게는 그다지 중요하게 여겨지지 않던 것이었다. 그저 신앙생활의 익숙한 한 부분이었을 뿐이다. 그러나 주님은 그것이 '권능'임을 열어주셨다. 방언도 놀라웠지만, 예수님의 이름은 더더욱 놀라웠다.

이스라엘 사람들아 이 일을 왜 기이히 여기느냐

우리 개인의 권능과 경건으로 이 사람을 걷게 한 것처럼

왜 우리를 주목하느냐

사도행전 3:12

성전 미문美門에 앉은 거지 앉은뱅이를 고친 일로 난리가 났다. 수많은 사람들이 솔로몬의 행각에 몰려들어 흥분하였다. 그 때 베드로가 외쳤다. 자신들의 능력이나 경건의 힘이 아니라는 것이다. 이어지는 베드로의 말은 성령님의 권능에 대한 초대 교회의 변증이기도 하다.

그 이름을 믿으므로 그 이름이

너희 보고 아는 이 사람을 성하게 하였나니

예수로 말미암아 난 믿음이

너희 모든 사람 앞에서 이같이 완전히 낫세 하였느니라

사도행전 3:16

그들이 그전과 다른 이 놀라운 능력을 나타내게 된 비결은 '그 이름을 믿음으로'이다.

초대 교회는 '예수님의 이름'의 능력을 믿었다. 지금 우리와는 비교도 안 될 만큼 그들은 그것의 능력과 본질을 붙들었다. 그 순도純度가 역사를 이룬 것이다. 주님은 이 말씀들을 깨닫게 하셨다.

"그 이름의 능력을… 그 이름의 비밀을 탐구하라."

그 후로 진리의 성령님께 가르침을 구하고 구했다.

"예수님의 이름에 대하여 깨닫게 하시고 그 능력과 비밀을 경험하게 하소서."

놀라운 길과 역사와 인도하심으로 성령님은 그 이름의 비밀을 알게 하셨다.

주님이 말씀하신 '천국의 열쇠' 또한 '예수님의 이름'이다. 그 비밀을 가르쳐달라고 구하던 중에 나는 피곤하여 잠시 잠이 들었다. 그런데 비몽사몽간에 어떤 음성을 들었다.

"예수님의 이름이 곧 천국의 열쇠다. 그것이 하늘 문을 여는 능력이다."

나는 꿈속에서도 그것이 옳다고 여겼다. 그래서 맞다고 박수를 치며 환호하였다. 잠에서 깨어나 나는 그 꿈을 다시 생각했다.

'예수님의 이름이 천국의 열쇠라니? 가르쳐 주세요. 성령님….'

먼저 떠오른 것은 요한계시록의 말씀이었다.

두려워 말라 나는 처음이요 나중이니 곧 산 자라…

이제 세세토록 살아 있어

사망과 음부의 열쇠를 가졌노니

요한계시록 1:17,18

거룩하고 진실하사 다윗의 열쇠를 가지신 이

곧 열면 닫을 사람이 없고

닫으면 열 사람이 없는 그이가 가라사대

볼지어다 내가 네 앞에 열린 문을 두었으되

능히 닫을 사람이 없으리라

요한계시록 3:7,8

주님이야말로 사망과 음부의 열쇠(권세)시요 열린 하늘 문이시다. 잠 잠한 전율이 임했다. 하늘과 땅을 묶고 푸는 본질, 열쇠가 예수님이신 것은 명확하다. 그 열린 '하늘 문'을 앞에 둔 빌라델비아교회에게 주님은 그 축복의 근거를 이렇게 말씀하셨다.

내가 네 행위를 아노니

네가 적은 능력을 가지고도 내 말을 지키며

내 이름을 배반치 아니하였도다

요한계시록 3:8

이것이 진정한 반석 위에 선 그리스도의 교회, 천국의 열쇠를 가진 교회의 본질이다. 비록 적은 능력일지라도 '주님의 말씀과 언약 위에' 굳게 서며 '예수님의 이름'을 배반치 않는 것….

이것은 지금까지 내가 깨닫고 추구해온 것이었다. 예수님의 이름을 배반치 않는 것은, 그 이름을 구원과 능력의 본질로서 늘 붙들고 추구한다는 것이다. 이것이 가장 칭찬받고 축복받은 교회의 모델인 빌라델비아 교회에 부여된 것이다.

나는 성령님께 예수님의 이름에 대하여 더 가르쳐달라고 구했다.

진실로 너희에게 이르노니
무엇이든지 너희가 땅에서 매면 하늘에서도 매일 것이요
무엇이든지 땅에서 풀면 하늘에서도 풀리리라

마태복음 18:18

주님은 베드로에게 말씀하신 이후에 다시 한번 그 '묶고 푸는 권세'에 대하여 말씀하셨다. 그런데 이번에는 '천국의 열쇠'를 준다는 말은 하지 않으셨다. 그 대신 '땅에서 합심하여 무엇이든지 구하면 하늘에 계신 내 아버지께서 이루실 것이다'마 18:19라고 말씀하셨다. 그리고 매우 중요한 말씀을 하셨다.

두세 사람이 내 이름으로 모인 곳에는 나도 그들 중에 있느니라

마태복음 18:20

이것은 거의 확증 같은 것이었다. 하늘에서 매고 풀리는 그 역사를 이루는 근거가 무엇인가? 예수님의 이름으로 합심하여 기도하는 그 기도 가운데 나타나는 것이다.

베드로와 요한이 그 앉은뱅이를 향해 "예수님의 이름으로 명하노니…"라고 외치니 그들 가운데 '하늘의 문'이신 주님이 함께하신 것이다. 이 말은 예수님의 이름으로 기도하는 곳에 주님의 임재가 나타난다는 것

이며 이것은 내게 놀라운 능력으로 기름부어주었다.

예수님의 이름으로 하는 기도에 대한 언약과 축복이 강력한 믿음으로 내 영에 부어진 것이다.

나를 믿는 자는 나의 하는 일을 저도 할 것이요
또한 이보다 큰 것도 하리니 이는 내가 아버지께로 감이니라
요한복음 14:12

예수님을 진정으로 믿는 자는 예수님이 하셨던 그 역사와 천국 복음 증거와 치유와 능력들을 나타내야 한다. 그것이 주님의 약속이요 명령이다. 예전에 나는 이 부분을 읽을 때 빨리 지나쳤다. 비록 주님의 말씀이지만 도무지 나와는 어울리지 않는 것이었기 때문이다.

'나 같은 종자가… 이 연약한 육신덩이가 어떻게 주님이 하신 일들을 한단 말인가?'

그러나 이제 그 일을 내가 하고 있는 것이다. 그것이 가능케 하는 말씀과 능력을 소유했기 때문이다.

너희가 내 이름으로 무엇을 구하든지 내가 시행하리니
요한복음 14:13

아아… 나는 이 말씀을 다시 발견하고 약간의 두려움마저 느꼈다.
이것은 결코 평범한 말씀이 아니다. 이것은 우리에게 '천국 열쇠'의

비밀을 풀어주시는 것이다. 예수님의 이름으로 무엇을 구하든지 주님은 그 구하는 자리에 임재하시어 능력으로 역사하시겠다는 약속이다. 나는 이 말씀의 반석 위에 서기로 했다. 전능하신 하나님의 아들이 하신 약속인 것이다. 그것을 진실로 굳게 믿고 '예수님의 이름으로' 무엇이든 구하는 자에게 '묶이고 풀리는 역사'가 나타나리라. 그것은 질병뿐만이 아니다. 환경, 물질, 영적인 지배구조, 상황 등 그 모든 것이다.

주님이 "나를 믿는 자는 나의 하는 일을 저도 할 것이요"라고 하신 후에 이 말씀도 하셨음에 주목했다. 어떻게 예수님이 하신 그 역사의 증인이 될 것인가? 그 비결은 '예수님의 이름'으로 선포하는 것이다.

왜 주님은 당신의 이름으로 구하라고 하셨을까?

너희가 내 이름으로 무엇을 구하든지 내가 시행하리니
이는 아버지로 하여금 아들로 인하여 영광을 얻으시게 하려 함이라

요한복음 14:13

예수님의 이름으로 구하는 것은 주님으로 하여금 하나님께 영광을 받으시게 하는 행위다. 우리가 예수님의 이름이 '천국의 열쇠', 능력과 구원의 근원임을 굳게 믿고 삶의 모든 영역에 그 이름을 선포하고 나아갈 때, 주님이 영광을 받으시는 것이다. 그러므로 이 본질적 기름부음으로 충일한 교회가 영광스러운 그리스도의 교회인 것이다.

내 이름으로 무엇이든지 내게 구하면 내가 시행하리라

너희가 나를 사랑하면 나의 (이) 계명을 지키리라

요한복음 14:14,15

나는 주님을 사랑한다. 진정 그분으로 옷 입고 싶다. 그렇다면 이 말씀을 소홀히, 가볍게 여기지 않고 지키리라 다짐했다. 이 언약, 계명의 반석 위에 굳게 서리라 마음먹고 기도하기 시작했다.

그 후로 예수님의 이름으로 치유하는 일들이 열린 것이다.

22
하나님의 아들의 순종하심

그러나 주님처럼 치유하는 일이란 쉬운 일이 아니다.
그래도 뒤돌아보지 않고 이 길을 가야 한다.

지난 부활절에 일본 오사카의 작은 교회에서 집회를 하였다. 성령의
권능을 받고 증인이 되는 삶에 대하여 나누었다. 그리고 제자들이 오순절
이후에 성령의 권능을 통해 어떻게 예수님의 증인이 되는 삶을 살았는지
말씀으로 점검해보았다.

첫 번째 가장 극적인 성령의 나타남은 '방언'을 통해서다행 2:4. 그 다
음은 '예수님의 이름'을 통한 치유였다. 물론 그 과정은 말씀을 증거하는
것으로 이어진다. 그렇게 말씀을 전하고 집회를 마친 뒤, 나는 몸이 아픈
분들은 남아서 함께 기도하겠노라 초청하였다. 전날 노숙자들과 기도했
던 경험이 있어서 몇 사람 정도만 남을 줄 알았는데 수십 명이 남아서 함
께 기도하기를 원했다. 그 교회에는 유난히 천식에 걸린 이들이 많았다.

"예배를 시작하기 전에 기도할 때부터 목이 아프더니… 천식으로
고생하는 분들이 많아서였군요? 악한 영들의 지배가 있을 수 있으니 예
수님의 이름으로 선포하지요."

그렇게 말하고 예수님의 이름으로 악한 영들과 질병의 근원은 떠나가라 선포하였다.

오사카에 오기 전에도 나는 집 근처에 새로 생긴 작은 기독교 서점에 들렀다.

"성령님, 인도해주세요. 원하시는 책을 소개해주세요."

나는 그렇게 반복하며 많지 않은 책들을 꼼꼼히 살피던 중 갑자기 어떤 책을 보게 되었다. 그런데 바로 그 책에서 본 내용이 생각났다. 치유 사역에서 귀신을 쫓아내지 않으면 20퍼센트 정도의 치유만 나타난다는 것이다. 왜냐하면 질병이나 고통의 원인 중에 전부는 아니어도 악한 영들의 지배가 상당수 있기 때문이라는 것이다.

솔직히 나는 뒤늦게 '예수님의 이름으로', '보혈의 능력으로' 아픈 이들과 함께 기도하며 그들을 섬기고 있지만 귀신을 쫓아내는 일은 부담이 되었다. 나는 참 아직도 걸리는 게 많은 종자다. 그 책에는 이렇게 씌어 있었다.

일반적으로 교회가, 바울이나 예수님이 말씀하신 우리의 적敵이 역사하는 방법들을 완전히 무시했기에, 사탄은 그리스도의 몸인 교회에 걸어 들어오면서 아무런 저항도 받지 않았다.

이 말은 부인할 수 없는 충격이었다. 예수님이 행하신 이 축사逐邪 사역을 교회가 동일하게 행하지 않는다면, 그리스도의 교회가 온전히 성장하는 데 심각한 한계에 부딪친다는 것이다. 나는 이것이 의미가 있다고 생각했다.

더욱이 바울이 선언한 것처럼 우리의 싸움은 혈과 육에 대한 것이 아니요 악한 세력들과의 치열한 영적 전쟁엡 6:12임을 깊이 인식한 일이 있었다. 언젠가 미국 뉴욕 집회를 갔다가 기독교 서점에 들른 적이 있다.

"성령님, 제게 소개하고 싶으신 책을 소개해주세요. 제가 꼭 알아야 할 통찰력을, 깨닫게 하기 원하시는 가르침을 담은 책을 소개해주세요."

언제나 그랬듯이 그렇게 구하며 복잡한 서가를 계속 살폈다. 그러다가 책장 맨 아래 여러 잡다한 소책자들이 엉켜 있는 곳에서 처음 보는 특이한 제목의 작은 책 하나를 발견했다. 《플라시보》라는 그 책에 깊이 주목하게 하시기에 사가지고 와서 새벽에 일어나 기도를 마친 뒤 그 책을 읽게 되었다. 얼마 지나지 않아 나는 무릎을 꿇고 전율하며 그것을 읽고 있는 나를 발견했다.

하워드 피트만이라는 미국의 한 목회자가 극한 질병으로 죽음에 이르러 하나님 보좌에 들려 올라갔을 때, 진노의 말씀을 들었다. 그것은 영혼까지 죽을 것만 같은 엄중한 심판과 같은 말씀이었다.

견딜 수 없는 고통 가운데 피트만은 자신이 30년 동안 경찰로 일하면서도 고아들과 가난한 이들을 돌보았다고 겨우 말씀드렸다. 나름대로 그는 하나님을 위해 어느 누구보다 열심히 헌신해온 것이다.

"그것은 너 자신을 위해 사역한 것이다. 나는 너의 그 숨은 동기를 말하는 것이다."

이것이 하나님께서 그에게 하신 말씀이었다. 그는 큰 충격을 받았다. 그 책을 읽던 나도 마찬가지로 충격을 받았다. 아버지는 과연 중심을 살피시고 우리 스스로도 간파하지 못하는 위장된 은밀한 동기조차 다 아신다. 하나님은 전지전능하신 분이시다.

"내가 주主를 위해 진정으로 애쓴다고 하나 내 안에 숨은 동기, 나도 모르는 위선, 야망, 감추어둔 자아와 하나님께 합당치 않은 의義가 있다면 처절히 부수어주세요."

책을 읽다 말고 나는 엎드려 회개하고 간구하였다. 그 간구는 지금도 지속되고 있다.

그 책에서 더욱 충격적이었던 것은 마귀가 어떻게 교회와 성도들을 속이고 교란시키는가를 주께서 보여주신 것이다.

마귀는 광명光明의 천사와 온갖 위장된 형태로 교회에 교묘히 파고들어 진정한 진리의 본질과 그것을 깨닫고 추구하는 데서 멀어지게 한다. 교회에 침투하여 서로 분리시키고, 무너뜨리고, 비판과 판단의 영들을 통해 온갖 거짓 것들로 우리에게서 주님의 영광을 앗아가는 것이다.

그런데도 주主의 백성들은 그것을 전혀 알지 못해 당하기만 한다. 마귀의 졸개인 귀신들은 성도들의 삶과 공동체에 깊숙이 침투하여 온갖 시험, 질병, 문제, 비본질에 집중하도록 만든다. 성령의 권능을 소유하지 못한 대부분의 성도들은 그것을 당하고도 알지 못한 채 혈과 육을 붙들고 씨름하는 것이다. 주께서 하워드 피트만 목사에게 그것을 보여주셨고, 그는 다시 살아서 세계를 다니며 그 메시지를 나누는 책을 쓴 것이다.

'플라시보'(Placebo, 僞藥)란, 어떤 약 속에 특정한 유효 성분이 들어 있는 것처럼 위장하여 환자에게 투여하는 약이다. 우리는 그것이 진리이고 실제의 어떤 영적인 것들이라 생각하고 빠지지만, 허구에 불과하고 결국은 당하고 마는 것이다. 그동안 사탄이 얼마나 많은 성령님의 역사와 헌신들에 그런 짓들을 했는지, 그리스도의 교회에서 하나님의 영광과 능력과 기업을 빼앗아 갔는지…. 정말 깨어서 진리의 본질과 오직 아버지의 선하시고 기뻐하시고 온전하신 그 뜻에만 나를 집중시켜달라고 눈물로 구하였다.

그 후에 나는 악한 영들을 물리치는 영적 전쟁에 눈을 떴지만, 여전히 축사逐邪라는 것에 부담이 컸으며 나와는 다른 이들의 영역이라고 생각했다. 그러나 교회가 그것을 행하지 않아 악한 영들의 계략에 빠지고 만다면 좌시할 수는 없다는 단순한 마음을 가졌다.

"우리의 질병이 모두 악한 영들의 지배는 아니더라도… 그 세력들은 우리 몸으로 하나님께 영광을 돌리지 못하게 하는 것이 본업이므로 어찌하든지 우리를 괴롭힐 것입니다. 예수님은 믿는 자들에게는 분명히 예수님의 이름으로 귀신을 쫓아내는 표적이 따를 것이라고 말씀하셨으니… 오직 말씀에 의지하여 선포하지요."

그렇게 나눈 다음 함께 자신들의 아픈 부위에 손을 얹고 믿음으로 선포하기 시작했다. 순간 동시에 많은 이들이 기침을 심하게 하며 소란해졌다. 갑자기 내 얼굴이 일그러졌다. 그러더니 목만이 아니라 얼굴 전체가 몹시 아프기 시작했다. 그 순간 여기저기서 천식에서 자유케 되는 이들이 생겼다.

역시 그 배후에 악한 영들이 있었던 것이다. 천식이 있으면 기침 때문에 기도하기가 어렵다. 기도하지 못하면 영적인 충만함도 하나님의 영광을 누리기도 어렵다. 자신의 건강관리나 유전적인 문제도 있겠지만, 하나님의 백성들을 괴롭히는 악한 영들의 공격도 있는 것이다. 특히 허리나 어깨가 아픈 이들도 많았다.

"예수님의 이름으로 그 질병들에게 우리 몸에서 떠나가라고 선포하세요. 우리 몸은 예수님의 고귀한 피로 값 주고 사신 하나님의 성전이고 이 몸에는 오직 하나님의 영광만이 나타나야 하니 너희들은 꺼지라고…."

연약하던 성도들이 내 말에 웃으며 확신을 가지고 "예수님의 이름으로 명하노라!" 하고 외치기 시작했다. 그중에 화장실에서 넘어져 어깨를 심하게 다친 선교사님의 어머니가 치유되어 "할렐루야"를 외쳤다. 영적으로 시달리는 이들을 위해 기도할 때에 순간 가슴속으로 무언가가 파고들어 오는 것을 느꼈다. 그리고 심장에 통증이 심하게 있었다. 기도를 마치고 몸이 극한 탈진 상태에 빠져드는 것을 느꼈다.

치유를 한다는 것은 이토록 쉬운 일이 아니다. 나같이 이런 작은 자도 그러한데 밤새 수많은 병자들과 귀신 들린 자들을 치유하신 주님은 얼마나 힘들고 피곤하셨겠는가. 그것이 느껴져 마음이 뭉클했다. 그러나 새벽 미명에 다시 일어나 아버지께 기도하러 가신 것이다.

그것이 우리 주님의 모범이다.

철모르던 시절에는 하나님의 아들이 이렇게까지 하실 필요가 있는가 생각하기도 했다. 그러나 예수님도 우리와 같은 몸으로 오셨기에 기도하지 않으시면 그 놀라운 능력을 나타내실 수가 없었던 것이다.

"예수님의 생애를 요약하면 이렇게 말할 수 있는데… 밤새워 기도… 기적… 새벽 미명에 기도… 기적입니다. 하나님의 아들이시라도 받으신 고난으로 순종함을 배워서 온전하게 되셨다히 5:8라고 성경은 말하는데, 그것은 앞 절에 나오는 말씀처럼… 간절한 간구의 소원을 올리신 그분의 삶을 통해서이지요."

언젠가 하나님나라의 귀한 선배요 동지이신 김진섭 교수님께서 하신 말씀이다. 그 분은 자주 이 말을 하셨는데 예수님이 드린 그 순종이 곧 기도라는 것이다.

> 그는 육체에 계실 때에 자기를 죽음에서 능히 구원하실 이에게
> 심한 통곡과 눈물로 간구와 소원을 올렸고
> 그의 경외하심을 인하여 들으심을 얻었느니라
>
> 히브리서 5:7

아아… 이 구절은 얼마나 우리 심장을 흔드는 것인가! 나는 예수 그리스도의 '증인', 즉 주님처럼 사는 삶을 가르쳐달라고 성령님께 날마다 구한 적이 있는데, 그때에 이 말씀을 깨닫게 하셨다. 그 후에 나의 간구는 생각과 입술의 읊조림을 넘어서 창자가 끊어지는 간절함으로 토해내는 것이 되었다.

우리 주님이 그렇게 기도하셨다. '땀'(인간적인 열심, 지식, 생각)이 변하여 '피'(하나님의 의, 심정, 본질)가 되는 그 겟세마네의 간구를 사모하였다.

그 다음 구절은 더욱 그것을 증거하는 것이다.

> 그가 아들이시라도 받으신 고난으로
> 순종함을 배워서 온전하게 되었은즉

자기를 순종하는 모든 자에게 영원한 구원의 근원이 되시고

히브리서 5:8,9

　예수님이 이루신 구원과 회복과 능력들은 거저 주어진 것이 아니다. 그토록 치열히 자기를 쳐서 복종시켜서 드린 순종, 하나님의 아들이시라도 심한 통곡과 간구의 소원을 올리시는 그 순종을 통해 나타나는 것이다.

　주님처럼 기도해야 한다. 그래야 그 하늘의 능력을 나타낼 수 있다.

23
당신의 자취를 따르는 길

일본에서 돌아온 다음 날 너무 탈진하였지만 일찍 잠이 깨었다.

소파에 몸을 기댄 채 비몽사몽 중에도 기도해야 한다는 갈망이 나를 감싸고 있었다. 이것은 주님의 영이 주신 것이라 믿었다. 본능적으로 성령님의 인도를 구하는 간구가 샘처럼 솟았다.

눈을 뜨고 정신을 추스르는데 순간 눈앞에 무언가 주목되는 것이 있었다. 딸 지우의 피아노 위에 놓인 책이었는데, 아내가 전부터 거기 놓아둔 것이다. 항상 그 자리에 있던 책이 갑자기 눈에 들어오며 마치 나를 부르는 듯 하였다. 순간 나는 잠이 확 달아나는 기분이었다.

스르르 일어나 그 책을 가져왔다. 《내가 닮고 싶은 예수》예수전도단 역간란 제목의 그 책은 세계적으로 저명한 여성 사역자 조이 도우슨Joy Dawson이 쓴 것이다. 나는 무심코 책을 펼쳤다.

이를 위하여 너희가 부르심을 입었으니
그리스도도 너희를 위하여 고난을 받으사
너희에게 본을 끼쳐 그 자취를 따라오게 하려 하셨느니라

베드로전서 2:21

그전에도 읽었던 그 말씀이 이렇게 강하게 뒤흔들며 다가온 적은 없었다. 그것은 일순간에 살았고 운동력 있는 말씀으로 내 심령과 골수를 쪼개었다.

'그리스도도 너희를 위하여 고난을 받으사….'

아아… 나를 위해 그 모진 고난을 받으신 것이다. 나를 사랑하사 나를 위하여 자기 몸을 버리신 것이다. 그것이 다시 사무치게 다가왔다. 고맙고 감사하신 주님….

그런데 그 이유는 '너희에게 본本을 끼쳐 그 자취를 따라오게' 하기 위함이라는 것이다. 진정으로 주님의 십자가와 합하여지는 것이란 주님이 사신 삶의 모범과 자취들을 나도 따라 사는 그것이다. 그 갈망이 우리 가운데 없다면 진정 그리스도의 십자가와 합하여진 것인지 돌아봐야만 한다.

예수님이 이 땅에 오셔서 보이신 그 본Model과 그 자취…. 그중에 대표적인 것이 그토록 간절히 기도하신 것이며 가난한 자들에게 복음을 전하신 것이다.

조이 도우슨은 "예수님이 이 땅에서 무엇을 하셨으며 어떻게 행하셨는가를 깊이 이해하지 못하면 그분의 자취를 따를 수가 없다"라고 단언했다. 사실이다. 대부분 주님에 대한 열망, 제자로 살기를 꿈꾸고 증인이 되기를 소망해서 성령님의 충만함을 구하나 우리 주님이 진정으로 어떤 삶을 사셨는가에 대한 깊은 이해는 부족한 형편이다.

열심은 있으나 지식이 없어서 망하는 것이다.

저 안에 거한다 하는 자는 그의 행하시는 대로 자기도 행할지니라

요한일서 2:6

성령의 불같은 여성 사역자는 이 말씀을 인용하며 단호히 말한다. 수많은 그리스도인들의 마음속에 회개하여 없애야 할 불신不信의 거대한 '바윗덩어리'가 있다. 그것은 우리가 예수님처럼 살 수 있다고 믿지 못하는 불신의 돌덩이다. 마귀가 그것을 조장한다. 나는 이 말에 천 퍼센트 공감한다.

나를 믿는 자는 나의 하는 일을 저도 할 것이요

요한복음 14:12

성령님이 생수로 임하시면 이 말씀도 믿어지고 그 삶이 열리게 된다. 주님처럼 살 수 없다는 불신의 거대한 산이 들리어 바다에 던져졌다.

죽은 나사로가 무덤에서 나오기 전, 예수님이 마르다에게 명하신 말씀….

돌을 옮겨 놓으라 … 네가 믿으면 하나님의 영광을 보리라

요한복음 11:39,40

이스라엘에 갔을 때 나사로의 무덤에서 이 말씀을 읽게 되었다. 주

님은 나사로가 병들어 죽게 되었다는데도 그 일에 태연하시다. 오히려 하나님의 영광을 위한 일일 뿐만 아니라 하나님의 아들 또한 이 일로 영광을 받게요 11:4 될 것이라 했다.

그러나 마리아와 마르다를 비롯한 모든 이들이 주님의 말씀을 믿지 않았다. 그들은 그 상황과 문제만 볼 뿐, 도무지 주님의 말씀에 귀를 기울이지 않는다. 그 거대한 돌, 우리를 가로막고 있는 불신의 돌, 우리가 이 불신의 거대한 바위를 옮겨놓고 오직 믿음으로 나가면 부활이요 생명이신 주님의 영광을 경험할 것이다.

예수님이 나사로의 죽음에 대해 들으시고 '심령에 통분히 여기시고 민망히 여기사'요 11:33라고 한다. 예수께서 눈물을 흘리셨다. 이 구절을 두고 우리는 흔히 예수님이 나사로를 그토록 사랑했다고 해석하지만 성경의 진정한 의미는, 나사로가 다시 살아날 것을 말씀하셨지만 사람들이 믿지 않았기 때문이었다. 예수님이 통분히 여기고 우셨다는 이런 흔치 않은 내용이 그들의 불신 때문이라는 것을 생각할 때 매우 심각해진다.

나의 불신이, 말씀을 믿지 않음이 오늘도 주님을 아프게 하는 것이다. 내 안에 계신 주님이 그분의 하시고자 하는 일들을 하시지 못한다면 다시 처절히 십자가에 못 박히시는 것이다. 영광의 주님은 우리의 불신과 무지와 게으름으로 갇혀 계신 것이다.

조이 도우슨은 예수님을 닮아 사는 것 중 가장 대표적인 것이, 그분의 성품인 '겸손'으로 사는 것이라 했다. 주님은 당신의 자취를 따라오게 하려 본을 남겨주셨는데, 우리는 그것을 하나님의 아들이나 큰 능력을 가진 사역자들의 몫이라고 치부한다는 것이다. 내가 예전에 그러했다. 그런데 그것이 바로 교만이라는 것이다.

《The Life of Christ in Stereo》라는 책을 인용하여 그녀는 우리가 닮아야 할 예수님의 삶을 제시한다. 예수께서는 열두 제자에게 명하시기를 마치시고 그곳을 떠나 여러 동네에서 가르치고 전도하셨다. 제자들은 나가각 촌을 두루 다니며 곳곳마다 복음을 선포하고 병을 고쳤다. 그리고 회개하라 전하고 많은 귀신을 쫓아내며 병자에게 기름을 발라 그들을 고쳤다.

사복음서의 예수님과 제자들의 삶을 입체적으로 요약하면 이렇다는 것이다. 그녀는 이것이 바로 우리가 해야 할 일이라고 선언한다. 나는 전율을 느끼며 그 부분을 다시 꼼꼼히 읽었다. 내가 '빌립 집사처럼'이라는 프로젝트로 나아가는 지금의 이 추구를 확증하는 내용이었기 때문이다.

어떤 이들에게는 병을 고치고 귀신을 쫓아내는 삶이 이상하고 어색할 수 있다. 그러나 그것이 바로 주님의 대표적인 삶이자 제자들이 수행한 일이다. 나는 교회에서 빵을 나누는 일을 하던 빌립이 사마리아에 가서 이 일을 똑같이 했다는 것에 깊이 주목하였다. 아니, 영광스러운 교회의 회복에 대하여 구할 때 성령님께서 그것을 열어주셨다.

> 그 날에 예루살렘에 있는 교회에 큰 핍박이 나서
> 사도 외에는 다 유대와 사마리아 모든 땅으로 흩어지니라
> 사도행전 8:1

드디어 주님의 지상명령이 이루어지는 순간이 왔다. 유대와 사마리아, 그 모든 이방의 땅으로 흩어져 "그 흩어진 사람들이 두루 다니며 복

음의 말씀을 전할 새"행 8:4 놀라운 성령의 권능으로 증거의 표적이 나타났다.

그런데 이 흩어진 이들은 사도들이 아니다. 사도들은 예루살렘교회에 남았다. 흩어진 자들은 바로 빌립 같은 평범한 집사들이었다. 빌립은 교회에서 빵을 나누고 섬기던 이였다. 그런데 그가 행한 일들을 보라.

> 빌립이 사마리아 성에 내려가 그리스도를 백성에게 전파하니
> 무리가 빌립의 말도 듣고 행하는 표적도 보고
> 일심으로 그의 말하는 것을 좇더라
> 많은 사람에게 붙었던 더러운 귀신들이 크게 소리를 지르며 나가고
> 또 많은 중풍병자와 앉은뱅이가 나으니 그 성에 큰 기쁨이 있더라
>
> 사도행전 8:5-8

누가는 흩어진 사람들의 대표로 빌립의 삶을 기록한 것이다. 주님은 이것을 주목하게 하셨다. 이런 역사는 흩어진 이들로 인해 곳곳에서 나났을 것이다. 처음으로 '그리스도인'이라 불린 안디옥교회 등이 이런 흩어진 성도들에 의해 세워졌다.

나는 일본과 이스라엘로 인도되어 가면서 영광스러운 그리스도의 몸과 교회를 꿈꾸게 되었다. 정말 그전에는 교회에 관심이 없었다. 그러나 교회가 하나님의 비밀이요 경륜이며, 이 땅에서 하나님을 대적하는 음부의 권세들을 무찌를 유일한 전략임을 말씀으로 깨닫게 하셨다.

나의 경험, 생각, 지식이 아닌 하나님의 말씀이 무엇을 말하는가가

가장 중요하다. 연약해 보여도 주님의 교회는 하나님의 놀라운 전략이다. 그 본질적 모델이 드러난 것이 바로 신약의 교회, 초대 교회인 것이다.

"성령님, 그리스도의 영광스러운 교회의 회복을 위하여… 이 부족하고 연약한 내게 기름을 부으시고 충성을 다하게 하소서."

나 홀로 산속과 거리를 걸으며 진정으로 그 간구를 무수히 올렸다. 전국의 크고 작은 교회들에서 집회를 하며 그것을 꿈꾸었다. 그런데 성령님께서 선명하게 새겨주신 전략이 있었으니 그것이 바로 '빌립 집사처럼' 사는 그 삶을 나누라는 것이다.

특별한 소수가 아닌 모든 그리스도의 몸, 그 평범하고 작은 지체들이 성령님의 권능 가운데 증인이 되는 길이 열려야 회복이 나타난다. 나 자신을 얽맨 그 돌부터 무너져야만 한다. '예수 그리스도의 자취를 따르려는' 그 갈망이 열려야만 한다. 그것을 깨닫자 나부터 먼저 빌립처럼 살아야만 했다.

'하늘의 언어'를 통해 성령님의 권능으로 초대 교회에 부어진 방언 기도를 나누었지만 병을 고치고 귀신을 쫓아내는 그런 일들은 여전히 부담이 되었다. 그러나 내 안의 성령님께서 강력히 그 삶을 요구하셨다. 그리고 아무리 살피고 분석해도 그리스도의 '증인'이 된다는 것은, 주님이 하신 그 일을, 그 자취를 살아내는 것이다.

믿는 자들에게는 이런 표적이 따르리니
곧 저희가 내 이름으로 귀신을 쫓아내며 새 방언을 말하며

뱀을 집으며 무슨 독을 마실지라도 해ᄒ를 받지 아니하며

병든 사람에게 손을 얹은즉 나으리라

마가복음 16:17,18

이 말씀은 부인할 수 없는 확증이다. 이 '믿는 자들에게 따르는 표적'이 사도행전 1장에서 명하신 '증인되게 하는 권능'임은 부인할 수 없다. 마가는 이 표적들이 제자들에게 '확실한 증인'이 되게 했다막 16:20고 증거한다.

그것은 특별한 사역자들의 전유물이 아니다. 모든 '믿는 자들에게' 나타나는 것이다. 나 같은 집사나 어린 청년들에게도 이것은 나타나야 할 표적이다. 그런데 그 능력을 왜 누리지 못하는가? 믿지 않기 때문이다.

돌을 옮겨 놓으라⋯ 네가 믿으면 하나님의 영광을 보리라

요한복음 11:39,40

주님의 말씀을 믿지 않기 때문이다. 불신의 그 거대한 돌덩이가 주님의 역사를 가로막고 있기 때문이다. 그 후부터 나는 '믿음'의 기름부음을 구하게 되었다. 믿고 구하고 구한 것은 또한 받은 줄로 믿었다. 믿는 자들에게는 그의 안에 사시는 예수 그리스도의 권세와 능력이 이미 있는 것이다.

하나님께서 인간으로 오신 '나사렛 예수에게 성령과 능력을 기름 붓듯 하셨으매 저(예수님)가 두루 다니시며 착한 일을 행하시고 마귀에게

눌린 모든 자를 고치신'행 10:38 것처럼 내게도 동일한 기름부음을 달라고 하루에도 수십 번씩 간구하였다.

그런 가운데 바람이 임의任意로 부는 것처럼 내 삶은 변화되었고, 진리를 깨닫게 하심으로 '보혈의 능력과 예수님의 이름으로' 나는 그 역사들을 살아내고 있다. 그러나 나의 이 변화를 가리켜 어떤 이들은 '치유사역자'가 되었다고 생각하고, 어떤 이들은 〈팔복 시리즈〉를 하다가 '하늘의 언어'를 나눈 것처럼 약간 생소하다 여길 수도 있다.

나는 집회 때마다 "나의 추구와 삶은 어떤 특별한 것이 아니라 모든 믿는 자들이 행하고 따라야 할 삶입니다"라고 이 점을 강조하였다. 빌립과 나 같은 집사들이 그 삶을 열어야 그리스도의 교회가 회복된다. 그것이 초대 교회의 부흥이다. 그러나 아직도 불신의 장벽과 의구심의 돌은 무겁기만 하다.

그런데 이 신뢰할 만한 사역자 조이 도우슨이, 그것이 곧 '예수님의 하는 일을 하는 것'이라고 증거하는 것이다. 너무 당연한 것인데도, 가슴 깊이 성령님이 이 길을 지지하신다는 감격에 벅차올랐다.

"사랑의 성령님… 감사합니다. 이 책을 읽게 하시려고 아내 지연을 통해 이 자리에 놓아두신 것이군요."

진실한 감사가 절로 나왔다. 정말 이 책은 언제부터인가 지우의 피아노 위에 놓여 있었다. 지금 그것을 읽고 깨달으며 확증을 받으라고 그렇게 하셨다고 나는 잠잠히 믿었다.

모든 그리스도의 제자들은 크고 작은 삶의 자리에서, 각자 처한 상황들에서 이 삶을 살아내야 한다. 그런데 이 삶은 바로 '겸손'에서 나온다. 예수님의 능력의 비밀이 바로 겸손이다. 그분은 오직 자신의 것, 자신의 능력이 아닌 아버지가 그 안에서 일하시는 것을 나타내는 데 집중하셨다. 하나님 아버지가 아들이신 예수님 안에서 성령으로 일하시는 그것을 증거하셨다.

"예수님이 바로 하나님의 행하시는 것을 사셨던… 아버지의 증인이셨군요?"

나는 이런 말씀들을 읽으며 생각했다. 우리는 우리 안에서 행하시는 예수님의 증인이 되어야 하는 것이다. 빌립을 비롯한 흩어진 성도들은 성령님의 능력으로 가는 곳마다 그리스도의 증인이 되었다.

이것이 초대 교회의 영광이요 부흥이었다. 그런데 그것을 나타낼 수 있는 가장 중요한 능력이요 비밀이 '겸손'이다.

내가 너희에게 이르는 말이 스스로 하는 것이 아니라
아버지께서 내 안에 계셔 그의 일을 하시는 것이라

요한복음 14:10

이 고백이 겸손이요 온유다. 그것을 깊이 알고 믿었기에 주님은 아버지의 일하심이 나타나도록 간절한 기도를 드릴 수 있었다. 그 처절한 통곡과 간구는 오직 아버지의 일들이 당신 자신을 통해 나타나기를 갈망하는 데서 터져 나온 것이다. 하나님의 역사는 믿음의 기도를 통해 나타난다. 만일 자신을 통하여 주님이 일하시기를 진정 갈망한다면, 나 자신의 간구도 주님처럼 그러해야 하리라. 그리고 진정으로 깊은 기도에 집중할 것이다.

조이 도우슨은 말하기를 많은 이들이 사역자들에게 치유나 능력, 예언의 기도를 받기 위해 줄을 서서 기다린다고 하였다. 누군가 능력이 있다고 하면 1시간이라도 기다린다는 것이다. 그러나 예수님처럼 그 능력의 근원이신 하나님 앞에 무릎을 꿇고 그렇게 기도하는 이들은 드물다는 것이다.

그것은 바로 불신과 교만에서 비롯된 것이다. "이제 내가 사는 것이 아니요 오직 내 안에 그리스도께서 사시기를" 갈망하지 않는 교만…. 하나님께서 미리 아신 자들로 그 "아들의 형상을 본받게 하시려고 미리 정하셨다"는 것을 무시하는 그 완악함….

그러나 기도란, 모든 상황 속에 예수님을 초청하고, 그분이 모든 것을 자연적인 것에서 초자연적인 것으로 바꾸시어 영광을 받으시는 그것이다. 우리가 예수님처럼 기도하는 삶을 살지 못하면 예수님은 영광을 받지 못하신다. 예수님처럼 가난한 자에게 복음을 전하지도, 예수님처럼 마귀의 일을 멸하지도, 임마누엘의 하나님, 그분의 사랑과 역사와 놀라운 임재를 나타내지도 못한다.

너무나 당연한 말이다.

그렇다면 왜 기도하지 않는가? 그 저변에 깔려 있는 것이 바로 교만이다. 기도가 없다는 말은 "저는 주님이 필요 없습니다"라는 뜻이다. 나는 책을 덮고 즉시 일어났다. 그리고 밖으로 나가 걸으며 기도하기 시작했다.

4월의 봄 햇살이 나를 감싸며 어린 아이처럼 순전함으로 이끌었다.

"주님, 저는 당신이 절대적으로 필요합니다. 제 안에서 사시옵소서…. 내가 사는 것이 아니라 주님이 제 안에서 사시고 일하시고 역사하시옵소서. 성령으로 기름부으사 당신의 자취를 따라 살게 하여주소서. 초대 교회의 그 제자들보다도, 빌립보다도 더욱더 주님의 영광을 나타내는 삶을 살게 하소서."

라일락 그늘 아래를 서성이며 나는 그렇게 예수님을 구하고 사모하고 성령님의 권능을 간절히 갈망하였다.

24
멈출 수 없는 기도

어제는 새로운 기도 장소인 대림역의 새생활교회에서 기도회를 했다. 사무실을 이전하면서 새로이 기도할 곳이 필요했는데 주님의 인도하심으로 가게 된 것이다. 지금의 사무실 공간도 그렇고, 주님은 항상 앞서 행하시고 예비하시는 정말 좋으신 분….

기도회를 시작하기 전부터 성령님의 임재를 느꼈다. 본격적으로 기도하기도 전에 강렬한 기도가 터져 나오고 비록 소수의 사람들이 모였지만 그 강도가 더해갔다. 찬양을 부르는 동안에도 여전한 기름부음이 넘쳤다. 그리고 기도 인도를 위해 앞으로 나아갔을 때 놀랍게도 예배당 안은 빈틈없이 꽉 차 있었다. 처음 보는 얼굴들이 많아 더욱 놀랐다.

그 강렬한 영적인 기운….

거룩함과 성결함, 화평함이 없이는 아무도 주를 보지 못하리라…. 요즘 절실히 깨닫는 것이다. 하나님께서는 여호수아를 통해 이스라엘에게 가나안에 들어가기 전에 먼저 '성결하라'고 요구하셨다.

너희는 스스로 성결케 하라
여호와께서 내일 너희 가운데 기사를 행하시리라

여호수아서 3:5

"이적과 기사를 반드시 보아야 한다."

요즘 내가 자주 하는 말이다. 나는 그 '이적異蹟과 기사奇事'라는 것에 대하여 부정적이던 사람이다. 그런데 주님이 '내가 부탁한 모든 것'마 28:20과 초대 교회의 부흥을 꼼꼼히 살필 때 그것이 하나님 역사의 필수라는 것을 깨달았다. 당연한 것이지만 요즘 나의 중요한 관심사는 성경이 무엇을 말하는가이다.

모든 것을 가르쳐주시는 성령님께요 14:26 깨닫게 해달라고 구하자 그전에 보이지 않던 것들이 세심하게 보이기 시작했다.

담대히 하나님의 말씀을 전하게 하여주옵시며
손을 내밀어 병을 낫게 하옵시고
표적과 기사가 거룩한 종 예수의 이름으로 이루어지게 하옵소서
사도행전 4:29,30

이것이 초대 교회의 가장 강력한 기도였다. 예수 그리스도는 어제나 오늘이나 동일하시다. 초대 교회가 이 기도를 했을 때 진동하며 강력한 기름부음을 받은 것, 그것을 오늘 우리도 동일하게 누려야만 한다.

일본이든 이스라엘이든 북한, 중국, 사업이든 사역이든 그 무엇을 추구한다 해도 결국 가장 중요한 것은 주님이 명하신, '위로부터 능력을 입을'눅 24:49 것을 구해야 한다.

성령님의 권능과 기름부음에 대하여 무수히 말하고 그 지식을 알았다. 물론 그것을 구함으로 기름부음을 받았다. 이전에 나타내지 못한 증인의 삶을 살기 시작했다. 그러나 그 정도로는 안 된다. 죽은 자를 일으키는 그 강력함이 더 필요하다.

요즘 내 주변 사람들은 나의 이 권고를 귀에 못이 박히도록 듣고 있다.

"지금보다 몇 십 갑절의 능력을 구해야 한다."

주님은 우리의 말이 아니라 그 '능력'을 알아보겠다고 했다.

이전보다 더 강한 기름부음이 필요하다. 그런데 왜 그것을 보기가 이토록 어려운가! '성결함'을 놓쳤기 때문이다. 거룩함과 진실함, 종 됨, 자기를 부인하고 오직 주님처럼 아버지의 뜻과 마음과 사랑 그리고 그 언약에 세포까지 반응하는 그 경외함… 그것이 부족하기 때문이다.

"성령의 권능을 받고… 기름부음을 받는 것을 너무 좋아하지 마십시오. 그것은 십자가를 지는 길이요, 좁은 길로 들어가는 것이며, 그리스도의 증인으로 죽어가는 영혼들을 처절히 섬기며, 어쩌면 환난 가운데 고난을 자초하는 삶입니다."

나는 어제 기도하러 온 그 동지들에게 그렇게 말했다. 오늘날 우리 안에 팽배한 사조는 기름부음이 축복이며 번영이며 행복이라는 것이다. 물론 그것은 십자가를 통해 누리는 신령한 복이다. 그러나 제자들에게 그것은 십자가에 달리신 나사렛 예수님이 구세주라는 것을 증거하기 위한 능력이었다. 지금 우리는 그것을 자연스레 생각하지만, 그 당시에 그것을 증거한다는 것은 목숨을 내거는 일이었다. 베드로를 비롯한 제자들의 믿음과 능력으로는 그것을 증거할 수 없다. 큰소리는 쳤지만 작은 여종 앞에서도 세 번이나 주님을 부인한 베드로가 아닌가.

오늘 우리는 어떤가? 작은 시험, 고난, 두려움 앞에서도 성경의 약속과 세상 끝날까지 함께하신다는 약속, 내 안에 사신다는 주님의 약속을 저버리고 힘들어 하고 지쳐버리기 일쑤다. 그것이 주主를 부인하는 것이다.

성령의 권능이 임하면 더 큰 고난, 좁은 길, 십자가의 길로 우리를 인도하실 것이다. 그러나 제자들이 그랬던 것처럼 성령의 권능이 부어지면, 우리는 담대히 그것을 이길 것이다. "그들은 메뚜기요… 우리들의 밥이다"라고 선포할 용기와 확신과 능력이 부어질 것이다. 그 길은 지금 많은 이들이 조장하고 추구하는 번영이 아닐 수 있다. 고난의 길이기도 하고 많은 대가를 지불해야 하는 길이다.

그래도 그것이 가장 행복한 길이다. 주님 가신 그 길… 십자가의 그 길을 따라가는 것이기에, 그 아름다운 삶을 위해 성령의 기름부음을 구하자고 청했다. 하나님의 이적과 기사를 보기 위해 성결함과 아버지와의 친밀함 가운데 거하자고 요청했다.

거의 오순절의 다락방과도 같은(예배당도 거의 그런 형국이다) 불타는 간구가 터져 나왔다. 나도 아바 아버지를 애타게 불렀다.

> 너희는 레위 사람 제사장들이
> 너희 하나님 여호와의 언약궤 메는 것을 보거든
> 너희 곳을 떠나 그 뒤를 쫓으라
>
> 여호수아서 3:3

이스라엘은 이 명대로 스스로 성결케 하고 언약궤가 움직이자 따르기 시작했다. 언약궤를 멘 제사장들이 요단에 들어서자 엄청난 양과 속도로 흐르던 요단강이 즉시 멈추는 것을 목도했다. '언약궤'는 '예수 그리스도'시다. 오직 앞서 가시는 주님만 따라야 기사奇事를 본다. 이것은 지금도 마찬가지다.

빌립 집사처럼 사는 것은 주님처럼 사는 것이다. 성령님은 주님이 가셨던 그 사마리아로 빌립을 데려가신 것이다. 주님은 남들이 꺼리는 사마리아를 그토록 가고 싶어 하셨다. 성령님의 기름부음은 우리가 꺼리던 그 풍경, 영혼, 삶들을 부둥켜안게 한다. 거기서 그들의 아픔과 상처, 세상의 가장 비루하고 연약한 '상한 갈대들', 성령님을 알지 못해 영적으로 허덕이고 음부의 권세에 눌려 죽어가는 '꺼져가는 심지들', 그들을 향한 예수님의 무한한 긍휼을 품게 하신다.

그것이 기름부음이다. 그리하여 성령님의 열매는 사랑이다. 그들을 치유하고 회복시키며 성령님의 기름부음을 채워 다시 불이 타오르도록 한다. 이것이 주님이 가신 길이다.

"지극히 작은 자들을 향해, 앞서 행하시는 주님의 그 길, 예비하신 그 부흥을, 전략을 열어주소서."

어제 나는 그것을 간절히 구했다. 지극히 작은 자들이 사는 사마리아에 가서 그 땅의 상한 갈대들과 꺼져가는 등불들을 일으키기 위해서 성령님의 강력한 능력이 절실함을 절감한다. 다른 길이 없다.

주님의 길…. 믿음의 주主요 온전케 하시는 이인 예수를 바라보고 그 삶을 사는 것이다히 12:2. 그것은 관념이 아니라 능력이다. 모든 주의 백성들은 앞서 행하여 가시는 주님의 그 모범, 그 삶, 그 능력들을 따라가야 한다. 여기에 순종치 않으면 죽음이다. 순종이 없이는 하나님의 영광도 기사奇事도 보지 못한다.

열두 해 혈루증 앓는 여인이 예수님의 지나가시는 것을 보고 용기와 믿음으로 그 옷자락(옷술)을 만졌다. 그 때, 예수님께 임하신 하나님의 영광과 능력이 그녀에게로 전이되었다. 이스라엘에게 '옷술'은 바로 하나님의 언약이 새겨진 것이다. 전능하신 하나님과의 언약을 묵상하고 새기고 지키라고 그렇게 명하신 것이다.

'언약'의 말씀을 깊이 만지고 복종해야 하늘 권능을 맛본다. 치유와 회복과 가난한 자에게 복음을 전하고 음부陰府의 권세에서 영혼들을 건져낸다. 강력한 기도와 응답으로 그 '천국의 열쇠'를 받아야 한다. 그 열쇠는 당연히 '예수님의 이름'이다. 그것이 언약이다.

땀으로 목욕을 하고 탈진해서 돌아오는 길….

알던 목사님의 사모님이 위독하다는 소식에 차 안에서 동지들과 함께 간절히 기도하였다. 하나님나라를 위해 헌신하는 후배의 형수가 뇌출혈로 쓰러졌다는 소식도 들린다. 누군가 지쳐서 절망하고 있고, 영적인 묶임 속에 허덕이고 있다 한다. 이 민족, 일본, 북한, 이스라엘, 중국과 동남아시아, 아프리카…. 우리가 주님의 유업을 위해 땅 끝으로 가서 그들을 회복하려면 오직 성령님의 권능이 필요하다.

"죽은 자를 일으키는 권능을 주소서!"

이것이 요즘 나의 간구다. 이제는 정신을 차리고 깨어서 더욱 강력한 성령의 기름부음을 받을 때다. 오직 말씀을 붙들고 십자가의 길로 치달아 땅 끝까지 나아가려는 그 열망을 품을 때다.

어젯밤의 합심기도는 정말 놀랍고 뜨거웠다.

"이제 초대 교회가 경험한 그 역사를… 이곳에서 우리가 누려야 합니다. 그것이 임할 때까지 날마다 각자 자기 처소에서 기도하고 또 모여서 합심하여 기도하고… 그러면 곧 놀라운 능력을 보리라 믿습니다."

이름 모를 무명의 용사들과 나는 그것을 다짐하였다. 우리 아버지는 굳은 분이 아니시고 쩨쩨하지 않으시다. 우리가 말만 할 뿐 구하지 않아서 그렇지 날마다 구하고 구하면, 바람이 임의로 불듯이 성령으로 거듭난 역사, 그 영광의 삶이 나타날 것이다.

빌립 집사처럼 사는 삶이 열릴 때까지 멈추지 않을 것이다. 정말 폭발할 것 같은 간구들이 어젯밤을 가득 채웠다. 이제 이 마가의 다락방에서 그 영광과 은총을 볼 것이다.

돌아오는 길에 나는 그것을 확신했다.

25
다 예수의 이름으로 하라

아침에 일어나 핸드폰을 켜니 동시다발적으로 문자들이 터진다. 지난 밤 월요 기도회에서 충만한 은혜를 누렸다는 내용이 대부분이다. 정말 그 기도회는 전투적이면서도 간절한 겟세마네의 시간이었다. 우리가 항상 믿고 구하고 바라봐야 할 예수님은 언제나 치열하게 기도하는 분이셨다.

사실 누가복음은 거의 모든 장에서 기도하시는 주님을 기록하고 있다. 그것은 내게 충격이었다. 하나님의 아들이시라도 이토록 기도와 순종을 통해 하나님의 나라를 이루어가신 것이다.

> 백성이 다 세례를 받을 새 예수도 세례를 받으시고
> 기도하실 때에 하늘이 열리며
> 성령이 형체로 비둘기같이 그의 위에 강림하시더니
> 누가복음 3:21,22

이 구절은 내게 강력한 도전을 주었다. 마태복음에서는 요한에게 세례를 받으시고 물 위에서 나오자 성령님이 임하셨다마 3:16고만 되어 있었다. 그러나 누가복음은 '기도하실 때에 하늘이 열리며'라고 되어 있는 것이다. 우리도 주님처럼 기도하면 하늘이 열리는 것을 누릴 것이다. 누리지 못하는 것은 단 하나, 예수님처럼 기도하지 않기 때문이다.

"지금까지 성령님의 기름부음을 체험했습니다. 이전에 누리지 못하던 놀라운 하나님의 나라… 그리스도의 증인됨을 경험했습니다. 그러나 이젠 그 정도로 만족할 수가 없습니다. '지금보다 몇 갑절의 기름부음을 주소서'라고 구합시다. 왜냐하면 주님처럼 가난한 자… 억눌리고 고통 받는 이들에게 복음을 증거하기 위해서 능력이 절대 필요하기에…"라고 나누고 기도하기 시작했을 때 정말 뜨거운 간구들이 분출하였던 것이다.

신실하신 아버지께서 각자의 갈망과 역사 속에서 아름답게 응답하셨을 것이다.

아침에 터진 여러 문자들 가운데 매우 흥미로운 것이 하나 있었다.

"형, 구입하고 나서 금세 고장이 나서 한 번도 써보지 못한 씨디피 CDP를 놓고 예수님의 이름으로 기도했는데… 2년 만에 작동되어 어제 사용했습니다. 할렐루야!"

다큐멘터리를 하는 어린 동생 세준이가 새벽 1시가 넘어서 보낸 문자의 내용이었다. 나는 미소를 지으며 "할렐루야!"라고 답을 보냈다. 전날 밤 기도회에서 나는 초대 교회가 '예수님이 행하신 것처럼 행했다는 것'을 나누었다. 그들은 주님께서 오셔서 가난한 자들에게 복음을 전하셨듯이, 즉 '포로 되고 억눌리고 눈멀고 눌린 자들을 말씀과 능력으로 치유하신 것'눅 4:18,19처럼 동일하게 행하기를 힘썼다.

최근 이 발견은 내게 새로운 기름부음으로 나아가게 한다. 오늘 우리가 살아내고 힘써야 할 역사, 예수님이 행하신 대로 하는 것이 진정한 증인됨이다. 오늘 그리스도의 교회와 제자들이 그 약속하신 영광스러움과 풍요로움을 누리지 못하는 것은 그것을 갈망하지 않기 때문이다.

> 또 종들로 하여금 담대히 하나님의 말씀을 전하게 하여주옵시며
> 손을 내밀어 병을 낫게 하옵시고
> 표적과 기사가 거룩한 종 예수의 이름으로 이루어지게 하옵소서
> 사도행전 4:29,30

이것이 초대 교회의 대표적인 기도 내용이다. 누가의 사도행전 기록은 그들이 가진 가장 극명한 진리와 증인됨의 추구를 압축해놓은 것이다. 우리는 그 기록들 이면에 엄청난 성령님의 도구로 사용된 무명의 제자들과 또한 주님이 행하신 알려지지 않은 역사들이 있었음을 헤아려야 한다.

나도 내게 일어난 일, 내가 경험한 모든 것을 다 책에 쓸 수는 없다. 하나님이 주시는 가장 본질적이고 실제적인 체험, 깨달음의 사료들만을 편집하여 나누는 것이다. 방송에서 다큐멘터리를 만들 때 역시 마찬가지다. 상당한 분량의 촬영을 하지만 그 가운데서 나누고자 하는 흐름의 주제에 가장 적절한 것들만 이어 붙이게 된다. 때로 어떤 것이 매우 놀랍고 감동적이고 특별한 장면들이라 해도 그 흐름에 맞지 않으면 과감히 포기해야 한다. 그런 것을 버리지 못하는 것이 아마추어다.

마찬가지로 사도행전에도 엄청난 사건들과 엄청나게 쓰임 받은 이들이 있지만, 그들이 전하고자 하는 초대 교회의 가장 본질적인 주제만을

드러낸 것이다. 그러므로 사도행전을 성령님의 인도하심에 따라 다시 연구하여야 한다. 그러면 오늘 우리의 방향과 삶의 지표가 트인다. 나는 이 초대 교회 제자들의 기도가 오늘 사도행전을 이어서 쓰고 있는 우리의 동일한 간구가 되어야 한다고 선포했다.

그래서 우리도 "예수님의 이름으로" 그 능력과 표적과 역사가 나타나기를 구하자고 전했다. 그 때, 저 뒤편에 새카맣게 탄 세준이의 얼굴이 슬쩍 보였다. 동훈이와 함께 이스라엘 중보기도회에 촬영을 보냈는데 돌아오자마자 기도회에 참석한 것이다. 그때 유난히 세준이의 집중하는 얼굴이 클로즈업 되었는데….

또 무엇을 하든지 말에나 일에나 다 주 예수의 이름으로 하고
그를 힘입어 하나님 아버지께 감사하라

골로새서 3:17

나는 최근 이 말씀을 붙들고 있다. 예수님의 이름의 권세와 비밀을 깨닫게 해달라고 구하는 여정에서 생각지 않게 이 말씀이 불쑥 다가왔다. 진리의 성령님은 하늘의 권능을 구할 때에 대부분 말씀을 주신다.

단 한 구절이라도 성령님이 열어주시면 그것은 '살았고 운동력이 있는 좌우에 날 선 검劍'이 된다. 성경 한 구절이라도 얼마나 놀랍고 위대한 능력으로 나타나는지…. 그것을 믿고 구하고 살아내는 것이 '예언자적인 삶'이다. 그러므로 주님처럼 능력 있는 삶을 추구하는 이들이라면 진리의 성령님께 말씀을 깨닫게 해달라고 날마다 구하고 또 구해야만 한다.

기도회에서도 그 말씀을 나눈 후에 이렇게 외쳤다.

"우리에게 가장 중요한 것은 나의 생각, 지금 감정의 상태를 떠나서 하나님의 말씀이 우리에게 요구하는 그것에 주님처럼 복종하는 태도입니다. 어떤 환경, 상황, 문제 가운데서도 우리와 함께하시는 그 아버지께 믿음으로 구하고 말씀이 요구하는 대로 모든 일에 오직 하나님의 권능의 팔인 예수님의 이름으로 행하는 것…. 그것이 승리를 가져다줄 것입니다!"

분명히 바울은 깊은 깨달음과 통찰력 가운데 "무슨 말이나 일, 그 무엇이든 다 주 예수의 이름으로 하라"라고 명령하였다. 말씀이 그렇게 요구하면 즉각 그렇게 하는 것이 순종이다. 말씀이 명하신 것을 하지 않으면 불순종이고 죄악이다.

우리는 그저 죄를 짓지 않으면 될 것이라고 순진하게 여기나 성경의 본질은 다르다. 깨어 있지 않고, 진리에 적극적으로 복종치 않는 것이 죄라고 하신다. 이스라엘의 패망과 심판과 포로로 사로잡힘은 거의 다 하나님의 언약을 (특히 회년의 언약을) 적극적으로 지키지 않은 '부작위(不作爲, 마땅히 해야 할 일을 일부러 하지 아니함)의 죄' 때문이었다. 하나님의 말씀을 청종(듣고 순종)치 않은 그것이 죄였다. 적극적으로 하나님과 이웃을 사랑하지 않는 것이 죄다. 적극적으로 기도하지 않는 것이 죄다. 적극적으로 용서하고 섬기고 복음을 증거하지 않는 것이 죄다.

너희는 이제 돌이켜 내 목전에 정당히 행하여

각기 이웃에게 자유를 선언하되

'내 이름으로' 일컬음을 받는 집에서 내 앞에서 언약을 세웠거늘

너희가 뜻을 변하여 '내 이름을' 더럽히고

각기 놓아 그들의 마음대로 자유케 하였던 노비를 끌어다가

다시 너희에게 복종시켜서 너희 노비로 삼았도다

예레미야서 34:15,16

이스라엘은 하나님과의 언약을 심각하게 여기지 않았고 자기의 유익을 따라 종들을 자유하게 하지 않았다. 자기 편리에 빠진 이들은 율법을 알지만 이기적인 마음에서 그들을 계속 잡아두었다. 언약을 적극적으로 순종하지 않을 뿐만 아니라 그것을 대수롭지 않게 여긴 결국이 얼마나 충격적인 결과를 낳은 것인가….

그러므로 나 여호와가 이같이 말하노라 너희가 나를 듣지 아니하고

각기 형제와 이웃에게 자유를 선언한 것을 실행치 아니하였은즉

내가 너희에게 자유를 선언하여 너희를 칼과 염병과 기근에 붙이리라

나 여호와의 말이니라 내가 너희를 세계 열방 중에 흩어지게 할 것이며

예레미야서 34:17

이 구절을 읽었을 때에 나의 영혼은 약간 충격 가운데 들어갔다.

'이웃의 작은 형제를 사랑하고 그들에게서 혐의를 풀어주지 않으면, 내 마음에 묶어두면… 오히려 저주와 음부의 세력들이 침범하는구나.'

나는 이스라엘이 포로로 사로잡혀간 이유에 대해 관심이 컸다. 예수님처럼 사는 것은 그 포로 된 자들, 눈멀고 눌린 그들을 자유케 하는 희년

禧年의 복음을 전하는 것이기 때문이다. 그 근거는 대부분 '바벨론 포로'의 원형에 담겨 있다. 그런데 이 작은 언약을 무시하고 '부작위의 죄'를 지은 것이 그 엄청난 고난의 원인이라니…. 이것을 생각할 때, 하나님의 말씀을 적극적으로 순종하지 않는 것은 큰 두려움이다. 오늘 우리의 이 무기력과 능력 없음은 그 언약을 적극 순종치 않음에 있다.

> 예루살렘을 떠나지 말고 내게 들은 바 아버지의 약속하신 것을 기다리라
>
> 사도행전 1:4

이 '아버지의 언약'은 바로 그 다음 구절에 나오는 "성령으로 세례를 받으리라"는 것이다. 제자들은 그전에 주님의 말씀을 깊이 깨닫지도 못하고 순종치도 못했다. 그러나 마지막 주님의 이 명령을 지키고 순종하였다. 그것이 하나님의 전략 가운데 있던 초대 교회를 이 지상에 산출해 낸 역사를 이룬 것이다.

오늘 그 아버지의 약속하신 '성령으로 세례'를 받고자 힘쓰는 이들은 드물다. 그저 막연히 성령의 기름부음, 부흥, 치유, 사역을 말하고 꿈꾼다. 그런데 그 언약이 우리에게 이루어지지 않으면 죽음이다. '언약'은 지키지 않으면 음부의 권세에 사로잡히는 근거가 된다. 성령세례의 약속이 나타나지 않으면 우리는 살았다 하나 죽은 자일 것이다. 그러나 그런 줄도 모르고 살아갈 것이다.

"서로 사랑하라."

"네 원수가 주리거든 먹이고 목마르거든 마시게 하라."

"너를 저주하는 자들을 용서할 뿐 아니라 오히려 축복하라."

"억지로 오 리를 가자고 하는 그 사람과 십 리까지 가주며… 네 속옷을 가지려는 사람에게 겉옷까지 내어주라."

"지극히 작은 자 하나에게 한 것이 곧 내게 한 것이니라."

이런 말씀을 듣고도 누군가를 용서하여 자유함을 선포하지 않으면… 모든 사람에게 주께 하듯 하라는 권고를 듣고도 진정 종이 되어 존귀히 여기고 섬기지 않으면… 그 '부작위의 죄'로 인해 심판을 받는 것이다. 그것이 하나님의 전殿과 성호聖號을 더럽히는 행위다.

여호와께서 성읍을 향하여 외쳐 부르시나니
완전한 지혜는 주의 이름을 경외함이니라
너희는 매를 순히 받고 그것을 정하신 자를 순종할지니라

미가서 6:9

이 글을 쓰는 동안 춘천에서 강원도 지역의 목회자들, 중보자들과 그 땅의 부흥을 위하여 기도하게 되었다. 그때 나눌 메시지를 구하며 가는 5월의 경춘가도에서 주님은 이 말씀을 열어주셨다.

오늘도 주님께서 우리에게 외치신다.

"진정한 지혜는 주主의 이름을 경외하는 그것이다."

그 이름을 존귀함과 두려움과 온전한 순종으로 붙드는 것, 주의 이

름을 경외하는 것은 그 앞 구절에 나와 있듯이, "오직 공의를 행하며 인자를 사랑하며 겸손히 네 하나님과 함께 행하는 것이 아니냐"미 6:8를 의미한다. 겸비하게 하나님과 함께 행하는 것이 바로 그 언약을 지키는 순종이다. 그 주님의 이름을 구하지 않으면 매(악한 권세에 포로로 사로잡힘)를 맞는다. 그러나 우리는 그 두려움을 갖지 않는다. 너무나 안이하게 생각하기 때문이다.

"사람이 나를 사랑하면 내 말을 지키리니"요 14:23 이 말씀이 진정 주님의 본질이었다. 그 말씀과 언약을 적극적으로 순종함이 없으면 그 사랑은 허망하다. 주님께서 그렇게 아버지의 말씀을 철저히 지키심으로 그 사랑 가운데 깊이깊이 들어가신 것이다요 15:10.

예수님의 생生이란 오직 피 흘려 죽기까지 아버지의 언약을 지키고 이루는 그것이었다. 나는 이런 예수님의 증인이 되고자 한다. 그분을 믿기에 그분이 하신 그 일을 나도 하고자 한다. 쉽지 않아도 보혜사 성령님의 도우심을 구하며 애쓰고 노력한다.

> 또 무엇을 하든지 말에나 일에나 다 주 예수의 이름으로 하고
>
> 골로새서 3:17

그 말씀을 깨닫고 무슨 일이든 '주 예수의 이름으로', 그분의 기쁘신 뜻을 따라 주님의 손과 발이 되고자 힘쓰는 것이다.

"청소를 해도 예수님의 이름으로 합시다. 공부를 해도… 사업… 기도… 찬양… 그 무엇을 하든지 항상 주님의 이름으로 할 때 그것이 하나

님께 감사하는 것이고 그분과 동행하는 것입니다. 왜냐하면 아버지께서 그 놀랍고 아름다운 이름을 당신의 사랑과 은혜로 우리에게 주셨기 때문입니다."

나는 바울의 말을 적용해서 이렇게 외치고, 기도회 전에 예수님의 이름으로 '제육볶음'을 한 간증을 했다. 기도회 장소인 새생활교회의 전도사님, 권사님, 집사님들이 기도회를 진행하는 우리를 위해 맛있는 저녁을 지어서 늘 대접하였다. 그 수고에 감사하여 나는 지난주에 내가 한 번 음식을 만들겠다고 약속했다. 나의 요리솜씨에 다들 반신반의하는 분위기였는데, 주일에 전주에서 집회를 마치고 올라와 피곤했지만 주변 분위기에 아랑곳 않고 주물럭 요리를 하였다.

바울의 말씀을 적용하기 위하여 '예수님의 이름으로… 맛있는 요리가 될지어다!'라고 속으로 기도했다. 익히기 전엔 맛을 볼 수 없기에 순전히 감感으로 만들었는데… 그 반응은 모두가 정말 맛있다는 것이다. 나는 수고하는 이들을 예수님의 이름으로 맛있게(?) 섬기게 해주신 것에 감사했다. "바울 사도가 적극 권고하듯이 말에든 일에든 무슨 일에나 다 주 예수님의 이름으로 합시다! 다음 주엔 예수님의 이름으로 닭볶음탕을 할지도 모릅니다"라고 예언자처럼 당당히 외쳤다.

그리고 우리 삶의 모든 영역에 예수님의 이름을 구하는 기도를 하자고 했다. 어떤 장벽, 문제, 시험, 갈망이든지 '천국의 열쇠'인 예수님의 이름으로 문을 열고, 벽을 부수자고 외쳤다. 정말 엄청난 기도의 용암이 다시 분출하였다. 나의 간절한 소망은 그리스도의 온 교회가 다른 무엇에 집중하기보다, 하나님이 주신 그 아름다운 능력과 치유와 승리의 이름인

'예수님의 이름'이라는 새 방언을 선포하는 그것이다.

실로 이 이름의 권세는 아직 온전히 사용되지 못하였다. 중언부언, 요식행위, 주문처럼 습관적인 무엇이 아닌, 그 이름의 비밀과 사랑과 능력을 지혜와 계시의 성령님을 통해 깨닫고 믿음으로 외치는 것…. 그것이 초대 교회의 권능이자 영광이었다.

그런데 막내 세준이가 이스라엘에서 막 돌아와 천국의 순진한 어린 아이처럼 그 말씀을 적용한 것이다. 아마 세준이는 "무엇을 하든지 다 주 예수의 이름으로 하라"는 바울의 권고를 어떻게 적용할까 생각했을 것이다. 그 착한 마음에 성령께서 베드로에게 앉은뱅이를 주목하게 하신 것처럼 고장 난 씨디플레이어를 보게 하셨고 그는 도발적인 모험을 해보기로 작정한 것이다. 그는 고장이 나서 2년 동안 쓰지 않던 씨디피에 예수님의 이름으로 부활하라는 극히 담대한(?) 선포를 한 것이다.

어떻게 그런 깜찍한 발상을 했을까? 그런데 그것은 결코 엉뚱한 것이 아니다. 오히려 주님을 사랑하고 하나님과 동행한 것이다.

> 또 무엇을 하든지 말에나 일에나 다 주 예수의 이름으로 하고
> 그(예수 그리스도)를 힘입어 하나님 아버지께 감사하라
> 골로새서 3:17

이것이 진정한 증인의 삶이기 때문이다. 그런데 정말 예수님의 이름을 선포하자 그 죽어 있던 기계가 작동하는 것이다. 그래서 감격하고 기뻐서 그 새벽에 나에게 문자를 보낸 것이다. 정말 "할렐루야"가 아닌가!

나는 이것이 소중한 믿음의 태도라고 생각한다.

믿음의 선한 싸움을 싸우라 영생을 취하라
이를 위하여 네가 부르심을 입었고
많은 증인 앞에서 선한 증거를 증거하였도다
디모데전서 6:12

우리의 부르심은 믿음의 선한 투쟁을 하는 그것이다. '영생', 즉 '곧 유일하신 참 하나님과 그의 보내신 자 예수 그리스도를 아는 것'요 17:3 그 권세와 능력을 탈취하는 것이다. 영생을 취하라! 이것은 말씀의 명령이다. 천국은 침노하는 자들의 것이고 영생도 적극적으로 취하는 이의 것이다. 우리는 믿음의 선한 투쟁으로 그 '아버지와 그리스도를 아는 것'을 탈취해야만 한다. 믿음은 심령적인 어떤 상태가 아니라 매우 적극적인 것이고 전투적인 것이다.

바울은 영적 전쟁에서 용사들이 무장할 무기들을 설명할 때에, "모든 것 위에 믿음의 방패를 가지고 이로써 능히 악한 자의 모든 화전火箭을 소멸하고"엡 6:16라고 하였다. '믿음의 방패'는 수동적인 것이 아니다. 악한 자들의 공격을 소멸하는 강력한 용사들의 무기이다. 그 당시 어떤 무기로도 그것을 쉽게 뚫어내지 못했다고 한다. 그것은 어쩌면 십자가의 대가를 통해 우리에게 구원과 승리를 주신 예수님의 구속救贖을 의미했는지도 모른다.

내가 그로 '존귀한 자'와 함께 '분깃'을 얻게 하며

'강한 자'와 함께 '탈취한 것'을 나누게 하리니

이는 그가 자기 영혼을 버려 사망에 이르게 하며

범죄자 중 하나로 헤아림을 입었음이라

그러나 실상은 그가 많은 사람의 죄를 지며

범죄자를 위하여 기도하였느니라

이사야서 53:12

나는 요즘 이 말씀을 깊이 묵상하고 있다. 역시 예수님의 이름을 탐구하는 과정에서 성령님이 발견케 하신 것이다. 하나님 아버지는 어린양 예수님으로 하여금 '존귀한 자'와 '분깃'을 함께 얻게 하시고 '강한 자'와 그가 순종을 통해 이루신 그 승리와 전리품들을 나누게 하셨다. 주님이 십자가와 보혈 그리고 부활을 통해 이루신 그 놀라운 권세와 능력들을, 진정 주님을 사랑하고 따르고자 하는 제자들에게 나누어주시는 것이다.

하늘과 땅의 모든 권세를 내게 주셨으니…

마태복음 28:18

이렇게 선포하시고 주님은 제자들에게 그 놀라운 권세를 위임하셨다. 주님의 엄청난 분깃(유산을 나누어 줌)을 믿음으로 취하는 자, 그가 바로 존귀한 자요 강한 자가 될 것이다. 그가 진정한 주님의 제자다.

그 주님이 이루신 것을 믿고 그것을 유업으로 얻도록 적극 싸우는 것…. 아름다운 그 승리를 침노하고 탈취하는 것…. 그것이 '믿음의 선한 싸움'이다. 이것은 가만히 있거나 자기 환경과 유전, 그저 삶 가운데 침잠해서는 얻을 수가 없다. 하나님의 방법과 진리의 본질을 따라 선한 싸움을 해야만 얻는다.

그런데 놀랍게도 승리의 역사는 '예수님의 이름'에 부어져 있다. 그 이름을 부를 때에 우리에게 나타난다. 그것이 아버지의 약속이다.

> 자기를 낮추시고 죽기까지 복종하셨으니 곧 십자가에 죽으심이라
> 이러므로 하나님이 그를 지극히 높여
> '모든 이름 위에 뛰어난 이름'을 주사 하늘에 있는 자들과
> 땅에 있는 자들과 땅 아래 있는 자들로
> 모든 무릎을 예수의 이름에 꿇게 하시고…
>
> 빌립보서 2:8-10

> 너희가 '내 이름으로' 무엇을 구하든지 내가 시행하리니
> 이는 아버지로 하여금 아들을 인하여 영광을 얻으시게 하려 함이라
> '내 이름으로' 무엇이든지 내게 구하면 내가 시행하리라
>
> 요한복음 14:13,14

아아… 이 말씀을 믿고 순종하는 자가 어린양 예수님과 천국의 분깃을 나누는 '존귀한 자'이며 '강한 자'가 될 것이다. 이 말씀은 결코 평범한 것이 아니다. 하나님은 아들이신 예수님의 순종과 희생을 통해 모든

만물을 다스릴 권세를 주셨다. 그 이름을 부르는 이들은 이제 그가 얻으신 권세와 능력을 함께 소유하는 상속자가 된다.

예수님의 이름의 권세와 능력과 비밀을 믿고 구하는 이들에게는, 예수님에게 부여된 것과 동일한 하나님의 자녀라는 권세가 상속된다. 우리는 이것을 사영리 등에서 주님을 영접하는 수단과 방법의 한 구절로서 생각하는 경향이 있다. 그러나 '하나님의 자녀가 되는 권세'란 그렇게 간단한 것이 아니다. 바로 예수님이 그 권세를 가지고 사신 것이다. 그 이름을 믿는 자에게는 그 권세가 동일하게 주어진다. 그러므로 '그 이름'이 바로 그 분것이다.

따라서 무슨 일이든, 그 어떤 장벽, 시험, 질병, 고통 가운데서도 자신을 보지 않고 주께서 획득하신 그 능력의 비밀인 예수님의 이름으로 구하고 선포하고 싸우는 것이 곧 증인으로 증거를 얻는 것이다. 그것을 위해 '그 이름'을 연구하고 더욱 깊어지는 기름부음을 구해야만 한다.

"예수님의 이름으로 명하노니… 고장 난 씨디피는 다시 작동될지어다!"

새벽에 봉천동의 남루한 자취방에서 작은 주主의 제자가 외치는 이 시트콤 같은 선포의 풍경은 결코 우스운 것이 아니다. '무엇을 하든지 말에나 일에나 다 주 예수의 이름으로 하는 것', 그것은 순종이며 믿음의 선한 싸움을 싸우는 것이다. 항상 그 싸움을 하는 자가 강한 자, 이기는 자이다.

작은 일에 충성하지 못하면 주님이 주시는 더 큰 천국의 영역에 결코 이르지 못한다. 다스리지도 못한다.

나는 세준이의 그 문자가 정말 기뻤다. 믿음의 선한 싸움을 한 '세준 디모데'를 칭찬해주려고 기다리는데 그가 오지 않는다.

그런데 점심때가 지나자 머리가 갑자기 매우 아팠다. 왼쪽 눈 위로 심한 편두통 증세가 나타나기 시작했다. 점심식사를 마치고 사무실에 들어가 우리의 주인공 세준이가 왔는지 살폈다. '역시 조용필은 늦게 나타나는가보다' 하고, 그가 올 때까지 점점 심해지는 두통을 참았다.

나는 막내인 세준이에게 기도를 받고 싶었다. 그가 봉천동의 그 자취방에서 믿음으로 획득한 예수 이름의 승리를 함께 누리고, 그에게 이 치유를 통해 더욱 예수 그리스도의 이름을 외치는 확신을 주고 싶었다.

이렇게 하나하나 예수님의 이름으로 승리하는 전리품들이 쌓이다보면, 그 작은 충성들이 더욱 크고 놀라운 하늘의 문을 열 것이다. 서쪽으로 난 창문으로 햇살이 직격탄으로 부서져 들어올 때야, 드디어 세준이가 검게 탄 남성미 넘치는 얼굴로 사무실로 들어왔다.

"세준이, 이리 와서 형을 위해 기도해라."
나는 즉각 그에게 명령했다.

26

오직 공의를 행하고

상해 비즈니스 포럼에 강사로 초청되어 갔다. 상해는 이번이 처음이 었는데 올해 초 일본 미야자키에 갔을 때, 그동안 막혀 있던 중국에 대한 문을 열어주셔서 한껏 기대를 가지고 갔다. 아리엘이라는 믿는 유대인, 오사카에서 온 유끼자와 교수 등과 교제하는 시간도 가졌다.

빌립 집사처럼 나는 갑자기 주님의 손에 이끌려 일본이라는 '사마리아'로 가게 되었다. 그 섬김의 여정에서 정작 변화되고 성령의 능력 가운데 들어간 것은 나 자신이었다. 아버지가 우리에게 섬김을 요구하시는 것은 바로 나 자신을 위한 축복임을 깨달았다. 그러다보니 중국은 물론 집중하던 미국에 대해서도 마음이 열리지 않던 내가 이 지구상에서 가장 영적으로 묶이고 눌린 일본만을 향한 것이다. 물론 주님이 인도하셔서 갔지만 내 안에 어떤 도전의식이 있었다.

'어떻게 이런 아름다운 나라가… 이토록 복음의 문이 닫히고 성령님의 역사가 적은가!'

전능하신 하나님의 자녀로서 몹시 자존심이 상할 뿐더러 그것을 회복하고 싶은 갈망이 내 안에 있었다. 그래서 미국 등 다른 나라에서 무수한 집회 요청이 있었지만 미동도 안 한 것이다.

'아, 이제 중국을 다시 열어주시는구나. 그곳에 갈 기회를 주시면 오직 순종하여 섬기겠나이다.'

그렇게 미야자키에서 기도했는데 얼마 후 그 문이 열리기 시작하였다. 상해에 있는 교회와 비즈니스 포럼을 진행하는 조원상 교수와 정진호 교수가 와달라고 한 것이다. 비즈니스맨도 아닌 내게 그런 부탁을 한 것은 이번 주제가 '기름부으심'에 대한 것이기 때문이라고 한다.

'내가 언제부터 이런 사람이 되었을까? 나는 다큐멘터리를 하는 평범한 예수님의 제자일 뿐인데….'

그러나 나는 흔쾌히 응답했다. 그 무엇에든 기름부음이 없이는 실패하기 때문이다. 그래서 평소 강의와 달리 '하나님의 공의'에 대한 메시지를 준비했다. 하나님은 당신의 종들에게 '그 신神'을 보내서서 열방에 당신의 '공의'를 이루게 하신다.

내가 붙드는 나의 종, 내 마음에 기뻐하는 나의 택한 사람을 보라
내가 나의 신神을 그에게 주었은즉 그가 이방에 공의를 베풀리라
그는 외치지 아니하며 목소리를 높이지 아니하며
그 소리로 거리에 들리게 아니하며 상한 갈대를 꺾지 아니하며
꺼져가는 등불을 끄지 아니하고 진리로 공의를 베풀 것이며

이사야서 42:1-3

이것이 성령의 기름부음을 받은 주님의 삶이다. 요즘 나의 관심은

그것이다.

성령님의 권능으로 그리스도의 증인이 되고자 하는 이들은 이것에 집중해야 한다. 그동안 우리는 너무 개인적이거나 자기의 틀에서 그 기름부음을 구해왔다. 그러나 그러면 멈추고 고인다. 일시적으로는 그 은총 가운데서 생수를 누리나 곧 기갈이 들고 썩거나 변질된다. 그런 줄도 모르고 자꾸 그 체험에만 집중하니 변질되는 것이다.

먼저 그의 나라와 그의 의義를 구해야만 더욱더 신선한 기름부음이 더해진다. 하나님이 성령님을 보내주신 이유는 열방에 공의를 베풀기 위해서다. 그것이 우리 주님이 오셔서 이루신 삶이다. 나는 '공의와 희년'에 대하여 한동안 집중적인 연구를 하였다. 거기가 하나님나라의 복음과 치유와 경제와 회복된 정의가 선포되는 영역이다.

이것은 간단한 문제가 아니다. 그러나 깊이 고민하고 기름부음을 받고 충성하면 결실한다. 늘 보편적인 메시지와 글을 쓰느라 그것을 제대로 나누지 못했는데 이번 포럼에서 그동안 탐구한 것을 나누고 싶었다.

그런데 도착하자마자 엄청난 사건이 터졌다. 집회가 열리던 교회의 성도들이 4명이나 교통사고로 숨진 것이다. 포럼을 하는 이들도 알지 못할 때 나는 그 교회 간사로 있는 후배가 알려주어 먼저 듣게 되었다.

'큰일이다! 이것은 엄청난 충격과 공격이 될 텐데…'

나는 영적으로 눌리는 가운데 마음이 심히 무거워졌다. 웬만해서는 눌리지 않던 내가 이상하게 극한 부담을 가졌다. 갑작스럽게 고통을 당한 가족들, 교회의 성도들과 사역자들, 그리고 무엇보다 담임 목사님이 받을 충격과 고통을 체감하자 내 영혼이 저릴 정도였다.

　무엇보다 주님의 교회가 이로 인해 받을 타격이 걱정이었다. 악한 세력들이 이것을 빌미로 틈타고 들어와 교회를 흔들 것이다. 나는 최근 그리스도의 교회가 훼손당하는 데 분노를 느낀다. 그토록 무감각하던 내 영이 이제는 자존심이 상하는 것이다. 이것은 특별한 것이 아니라 기름부음 받은 이라면 당연히 갖게 되는 마음이다. 물맷돌을 손에 쥐고 나서게 되는 것도 거기서부터다.

　비즈니스 포럼이 열리는 동안 나의 촉수는 오직 그 사고에 집중되어 있었다. 수시로 후배로부터 정보를 접하고 있었다. 분향소가 교회 2층에 마련되었는데 그곳을 지나갈 수 없을 정도였다. 담임 목사님을 만나기가 힘들 정도로 마음이 아프고 힘겨웠다.

　'내가 언제부터 이런 마음들을 가지게 되었는가?'

　나는 문득 자문하게 되었다. 이것이 기름부음이다.

　하나님의 공의, 긍휼에 대한 열망이 내게 부어져 있는 것이다. '공의'는 하나님의 진리와 사랑, 긍휼의 본질이 드러나는 것이다. 그러기에 거기에는 그 공의의 본질을 훼손하는 악한 세력들에 대한 심판이 있다. 그러나 그 기저는 명확히 '긍휼과 사랑'이다.

> 내가 무엇을 가지고 여호와 앞에 나아가며
>
> 높으신 하나님께 경배할까
>
> 내가 번제물 일 년 된 송아지를 가지고 그 앞에 나아갈까
>
> 여호와께서 천천의 수양이나 만만의 강수 같은 기름을 기뻐하실까

내 허물을 위하여 내 맏아들을,

내 영혼의 죄를 인하여 내 몸의 열매를 드릴까

사람아 주께서 선한 것이 무엇임을 네게 보이셨나니

여호와께서 네게 구하시는 것이 오직 공의를 행하며

인자仁慈를 사랑하며 겸손히 네 하나님과 함께 행하는 것이 아니냐

미가서 6:6-8

하나님이 우리에게 요구하시는 삶이 이것이다. 오직 공의를 행하고, 인자를 사랑하며, 상한 갈대를 일으키고, 기름부음이 없이 죽어가는 이들을 긍휼로 섬기는 그 겸비한 종의 여정…. 그 배후에 있는 악한 영들을 기름부음과 예수 그리스도의 이름으로 대적하여 심판하는 것이다.

그것은 중층적, 다층적인 영역에서 일어나야 한다. 비즈니스도 그 하나님의 공의를 나타내야 할 가장 중요한 영역이다.

27
하늘의 기도

그 날 밤에 쉽게 잠들지 못했다. 기도하며 새 날을 맞았는데 포럼보다도 교회를 위해 중보해야겠다는 마음이 강했다. 찬양 사역자로 와 있는 후배 정근이에게(이 친구도 갑자기 이곳에 와서 섬기게 되었다) 기도할 은밀한 장소를 수배해달라고 부탁했다. 그리고 거기서 같이 간 일행들과 중보하기 시작했다.

영으로부터 엄청난 간구가 분출하였다. 이 기도의 용사들, 동지들이 이번 여행에 동행한 것도 주님의 섭리이다. 누구랄 것도 없이 터져 나오는 성령님과의 간구에 잠겨 기도하니 영의 자유함이 임하기 시작했다.

그리고 이 일로 흑암의 공격이 거세질 것을 더욱 실감하게 되었다. 사람들이 수군수군하며, 인간적인 것들을 바라보고, 허리를 쳐서 휘청대게 할 가능성이 눈에 보이는 것 같았다. 우리는 그것을 예수님의 이름으로 강력히 대적하고 교회 전체를 보혈로 덮었다.

"주님, 이 곳에 기도의 영을 부어주세요. 이 어둠과 슬픔을 뒤덮을 사랑… 긍휼을 담은 기도의 영을 부어주세요."

그렇게 간구할 때 담임 목사님으로부터 나를 보자는 전갈이 왔다. 오후에 있을 수요예배에 대한 상의와 이 사건에 대한 정황을 나누고 싶다는 것이다. 담임 목사님은 몇 달 전 갑자기 사무실로 나를 찾아와 만나게 되었다. 그전에도 명성은 익히 들었으나 사무실에 오자마자 영적인 어려움을 내놓고 기도를 부탁하는 모습에 마음이 쓰였는데, 같이 기도할 때 무언가 막혀서 그 날은 잘 열리지 않았다.

"아버지, 당신의 아들을 직접 만져주세요. 그 사랑으로 품어주세요."

그날 밤 집에 가며 그렇게 기도했다. 이상하게 그런 간절한 간구가 터져 나왔다. 그 다음날 아침에도 목사님을 위해 주님이 역사해주시기를 구하며 사무실에 나왔다. 연세가 많으신 목사님이지만 나는 그저 형님 같은 친근함을 느꼈다. 상해에 가서서 교회 집회를 요청하셨는데, 그 후에 비즈니스 포럼이 그곳에서 열리게 되자 집회 일정을 연기하여 비즈니스 포럼에 때맞춰서 함께하기로 한 것이다. 그런데 도착하자마자 그런 엄청난 사고가 나다니…. 목사님은 이미 탈진한 듯 담담하게 일어난 일들과 성도들에 대한 아픔을 이야기하셨다.

그리고 오후 집회에서 많이 기도하는 시간을 갖자고 한 나의 제안을 받아들이고 그리하자고 했다. 그리고 자신을 위해 기도해달라고 했다. 누구에게도 자신을 열기 어려운 처지라는 것을 잘 안다. 주님조차 원망스러울 수 있는 그런 상황이다. 리더란 그렇게 어려운 것이다.

거대한 산을 짊어지고 있는 듯한 그 견딜 수 없는 중압감…. 그것이 저리게 느껴졌다. 그를 위해 기도할 때에 통곡이 쏟아져 나왔다. 아버지의 강한 손으로 붙들어달라고 함께 부둥켜안고 간구하였다.

"이 사망들아! 죽일 것들아! 음부의 권세들아! 나사렛 예수님의 이름과 성령의 생명의 법에 의해 삼킨 바 되라!"

나는 그렇게 목사님과 기도하며 악한 영들을 대적하였다. 그리고 오후 집회에 강력한 기도의 영이 열리기를 간구하였다. 역시 오후 예배에 검은 상복을 입은 성도 수백 명이 몰려들었다. 하나같이 너무 울어서 눈이 붓고 심각한 얼굴들이었다. 영광과 감사와 찬양이 넘쳐야 할 얼굴에 무겁게 드리운 그림자….

저희가 모였을 때에 예수께 묻자와 가로되
주께서 이스라엘 나라를 회복하심이 이때니이까 하니
사도행전 1:6

나는 이 말씀을 본문으로 메시지를 나누었다. 나의 목소리는 유난히 비장하고 강고하였다. 이것은 유대인들에게는 절박한 영혼과 현실의 질문이다. 앗수르, 바벨론, 로마 등 수많은 외세에 침략당하고, 죽고, 눌리고, 포로로 사로 잡혀간 이스라엘은 하나님이 임하셔서 이루실 그 회복을 갈망한 것이다.

그 날은 선지자들의 입을 통해 선포된 바 성령이 임하시는 날이고, '기름부음 받은 자' 메시아가 나타나 그들을 자유케 할 것이다. 주께서 '아버지의 약속하신 성령의 세례'를 받으라고 하시자, 제자들이 그렇다면 그때에 이스라엘이 회복되느냐고 묻는 장면이다.

"성령의 세례는 받고 싶고 안 받고 싶고의 문제가 아닙니다. 그것은 은사주의자들이나 성령을 추구하는 이들의 전유물이 아닙니다. 성령세례는 아버지가 언약하신 것입니다. 언약을 지키지 않아서 이스라엘이 그 고통을 당한 것입니다. 언약을 이루지 않으면… 받지 않으면 죽음입니다."

나는 강하게 독려하였다. 그것은 진정이다. 우리는 아버지의 언약, 그 말씀들에 대한 두려움이 없다. 그러나 그것을 '청종聽從'치 않으면 저주를 받는다.

"이 제자들의 질문은 하나님의 모든 백성들, 이스라엘의 동일한 질문입니다. 그 나라를 회복할 때가 언제인지, 부흥과 통일과 치유와 구원의 때가 이때인지 묻습니다. 나와 가정과 교회와 이 민족과 열방을 회복하실 때가 이때냐고 간구해왔습니다. 거기에 대한 주님의 답은 명확합니다. 그것이 바로 회복을 이루는 전략이요 하늘의 방법입니다."

나는 그렇게 외치고 그 답을 말했다.

오직 성령이 너희에게 임하시면 너희가 권능을 받고
예루살렘과 온 유대와 사마리아와 땅 끝까지 이르러 내 증인이 되리라

사도행전 1:8

진정 이것이 주님의 답이다. 이것이 그 언약의 백성들을 회복하시는 하늘의 전략이다. 여기에 집중해야 한다.

사람이 나를 사랑하면 내 말을 지키리니
내 아버지께서 저를 사랑하실 것이요
우리(성삼위 하나님)가 저에게 와서 거처(임재)를 저와 함께하리라

요한복음 14:23

나는 주께서 보혜사 성령님에 대하여 말씀하신 후에 강조하신 이 말씀을 반복해서 나누었다. 하나님의 임재를 누리는 역사는 주님을 사랑하고 오직 주님의 말씀에 복종하는 것이다. 그 말씀을 믿음으로 붙들고 선포하며 순종하는 그것이다.

나는 이것을 처음 깨달았을 때에 무척 놀랐고 그 말씀을 지키게 해달라고 성령님께 수없이 간구하였다. 진리의 말씀을 지킬 능력을 구해야 한다. 거기서 묶임을 풀고 해방시키는 성령님의 권능과 기름부음이 산출된다. 마귀는 애초에 이것에 집중하지 못하게 하고 있다. 예수님이 '분부하신 모든 것들', 그 말씀을 정확히 보지 못하게 한다. 말씀에 명확한 집중력과 그것에 순종하고자 하는 갈망을 교묘히 붕괴시킨다. 그리고 자기의自己義, 지식, 경험, 고정관념의 견고한 진陣들을 은근히 자리 잡게 한다.

그것을 부수는 철장이 성령님의 권능이다. 오직 주님의 명령을 따라 말씀을 지키는 데서 회복과 승리가 나타난다. 이 집중력이 없으니 자꾸만 다른 것들에 신경을 쓰게 되는 것이다.

"약속대로 그 성령님이 오셔서 이루신 첫 번째 표적은… 저희가 다 성령의 충만함을 받아 다른 언어로 기도한 사건입니다. 방언은 그저 새 술에 취하거나 은사주의자들이 도취된 체험이 아닙니다. 그것은 성령 하나님과 함께 '하나님의 큰일'을 선포하는 것행 2:11입니다. 내 말이나 어떤 경험이 아닌 오직 말씀에만 복종해야 합니다. 우리가 성령님과 함께 영으로 기도할 때에, 우리의 생각과 고민과 정보의 제한 없이 오직 성령님이 말할 수 없는 탄식으로롬 8:26-28 하나님의 뜻대로 간구해주시는 것입니다."

나는 이 말씀을 믿는다. 성경을 그대로 영으로 받아들이고 그것에 복종한다. 방언은 진정 성령님과 더불어 '하나님의 큰일들'을 선포하는 능력이다. 그것은 경험한 자만이 아는 권능이다.

나는 그렇게 전하고 성령님과 함께 기도할 용사들을 초청했다. 한순간에 수백 명의 성도들이 앞으로 쏟아져 나와 무릎을 꿇었다. 마치 100미터를 달리려고 나온 스프린터sprinter처럼 순식간에 달려 나왔다. 그들이 얼마나 이 일을 절박한 영적 상황이라고 느끼는지 알 수 있었다. 그리고 누가 시킨 것도 아닌데 저절로 성령님의 임재 가운데 기도하기 시작했다.

담임 목사님도 무릎을 꿇고 혼신을 다해 부르짖기 시작했다. 그렇게 약 1시간을 멈추지 않고 강력한 기도의 영 안으로 들어갔다. 정말 흔히 보기 어려운 풍경이었다. 방언을 처음 열기 위해 나온 성도들 역시 저절로 영으로 기도하며 견딜 수 없는 은혜 가운데 기도를 멈추지 못했다.

'주님, 감사합니다. 성령님, 정말 감사합니다.'

나는 기도로 섬기며 계속 감사드렸다. 이렇게나 많이 울어본 것도 처음이다. 결국 이 사망과 흑암의 공격을 이기는 힘은 오직 성령님과 더불어 기도하는 그 영이 열리는 것이다. 나는 그것을 단순하게 믿는다. 이 교회의 문제만이 아니라 모든 주님의 교회가 이 영을 열어야 한다. 음부의 권세가 이토록 횡행함은 교회가 기도하지 않기 때문이다.

> 내 집은 만민의 기도하는 집이라 칭함을 받으리라고 하지 아니하였느냐 너희는 강도의 굴혈을 만들었도다
>
> 마가복음 11:17

이 말씀은 큰 두려움이다. 하나님의 성전인 나 자신도, 주님의 피값으로 산 바 된 내 몸도 '만민을 위하여', 열방에 하나님의 공의가 이루어지기를 간구하는 삶이 열리지 않으면… '강도의 굴혈掘穴'일 가능성이 높다. 나 자신의 유익, 연민, 필요만을 구하는 장사치일지도 모르는 것이다.

만일 그렇다면 주님이 나를 보시고 어떤 마음을 가지실 것인가! 아, 그것이 두려움이다. 그러면 음부의 권세가 틈탈 빌미를 주는 것이다. 그래서 휘청이게 되고 허덕이는 것이다. 어찌하든지 악한 세력들은 주님의 교회가 기도의 영으로 기름부음 받는 것을 방해한다. 오직 성령님과 더불어 기도하는 그것으로 이스라엘의 회복은 열렸다.

> 저희가 다 성령의 충만함을 받고 성령이 말하게 하심을 따라
> 다른 방언으로 말하기를 시작하니라
> 사도행전 2:4

이것이 방언의 능력이다. 그냥 습관적인 중언부언이 아닌 오직 성령님의 충만함으로 그분과 연합하여(세례 받음) 영으로 간구해야 한다. 그러면 성령님이 친히 말할 수 없는 탄식으로 마땅히 빌 바를 알지 못하는 우리를 위해 간구해주신다.

주님의 교회가 이 위기를 어떻게 이기고 승리를 거둘 것인가? 그 답은 오직 교회의 머리 되신 그리스도가 아시는 것이다. 우리의 마음과 모든 상황들을 정확히 감찰하시는 그 주님이 우리가 그렇게 나갈 때, 성령님을 통해 '모든 것이 합력하여 선을 이루도록'롬 8:28 해주시는 것이다.

이 장막에 있는 우리가 짐 진 것같이 탄식하는 것은

벗고자 함이 아니요 오직 덧입고자 함이니

죽을 것이 생명에게 삼킨 바 되게 하려 함이라

곧 이것을 우리에게 이루게 하시고

보증으로 성령을 우리에게 주신 이는 하나님이시니라

고린도후서 5:4,5

육신을 가진 우리는 이 땅에서 무거운 짐을 지고 탄식할 수밖에 없다. 지금 내 주변에서 엄청난 질병과 고난과 시험들로 허덕이고 있다. 그리하여 그리스도의 몸들, '지체의 각 부분들'을 마비시키고 연락하고 상합하지 못하게 하는 것이다.

그러나 우리는 탄식하며 인간적으로 그것을 벗고자 하는 것이 아니다. 오직 하나님의 생명의 성령의 옷으로 덧입고자 하는 것이다. 강력한 성령님의 덧입음…. 주님이 약속하신 위로부터 오는 능력을 덧입을 때에, 우리를 탄식하게 하고 짐을 지우는 죽일 것들, 음부의 세력들을 모두 삼켜버릴 것이다. 그것이 이루어지기 위해서는 오직 성령님과 연합된 강력한 기도의 영을 열어야 한다. 요식 행위 같은 기도가 아니라 모든 장벽을 허물 하늘의 기도가 열려야 한다.

오전에 동지들과 교회에 그 기도가 열리기를 간절히 기도했다. 1시간 넘게 쉬지 않고 기도하는 것은 그 영이 부어지지 않으면 어렵다. 3시에 위로예배가 예정되어 있기에 나는 멈춰지지 않는 이 도도한 기도의 물결을 임의로 멈추게 해야만 했다. 성령님의 기운이 어둠을 씻어내는 것을 느낄 수 있었다.

얼마나 감사한 일인가! 찬양을 부르며 그렇게 하려 했으나 도무지 멈춰지지가 않았다. 결국 더 기도할 사람은 남아서 기도하겠노라 하고 멈출 수밖에 없었다. 집회를 마치고 남은 수십 명과 다시 1시간가량을 더 기도했다. 압도하시는 성령님과의 기도가 열리자 어둠의 기운들이 물러가는 것을 더욱더 느낄 수 있었다.

"그전까지는 정말 견딜 수조차 없었는데… 방언으로 기도하자 그 극한 억누름을 물리칠 수가 있었습니다. 그리고 한순간에 회복되었습니다."

담임 목사님은 그날 밤에 그렇게 고백했다. 그리고 함께 기도할 때에 놀라운 기름부음이 다시 엄습했다. 할렐루야! 할레엘루우야!!

그런 생각이 들었다. 만일 비즈니스 포럼이 이때 열리지 않았다면, 그 수요 집회가 그 시간에 정해져 있지 않았다면… 참으로 절묘한 타이밍에 그 기도의 문이 열린 것이다. 우리의 가는 길은 아버지의 주권 속에 들어 있다. 전지전능하신 하나님은 그 길들을 다 아신다. 우리가 성령님과 더불어 날마다 오직 그의 나라와 그의 의義를 먼저 구하고 기도의 충성을 다해야 하는 이유가 그것이다.

그 충성이 채워질 때 아버지의 주권이 임한다.

정작 저녁에 있는 비즈니스 포럼 집회에서는 극도로 탈진하여 나누기조차 어려웠다.

'이번에는 교회를 위해 기도하기 위하여 왔는가보다!'

그렇게 집중력 없이 말씀을 나눈 적은 드물다. 교회 성도들에게 기도가 더 필요함을 느낀 목사님이 집회를 오픈하여 성도들이 더 많이 참석하였다. '하나님의 공의'에 대한 강의를 준비했지만, 성령님의 기름부음에 대하여 나누기로 마음먹고 급히 성경 구절들을 적어서 진행자에게 건네주었다.

겨우겨우 말씀을 나누고 다시 성령과 더불어 기도할 사람들을 초청하였다. 특히 성령님이 우리 안에서 흐르게 하시는 '생수' 중에, '예수님의 이름'에 대하여 나누었다. 강력한 성령님의 기도가 열린 후에 초대 교회가 선포한 새 방언은, "은과 금은 내게 없거니와 내게 있는 것으로 네게 주노니 곧 나사렛 예수 그리스도의 이름으로 걸으라!"이며, 그들이 소유한 기름부음, 생수는 '예수님의 이름'이라고 전했다.

"예수는 곧 주님이십니다. 누구든지 주의 이름을 부르는 자는 구원을 얻습니다. 예수님의 이름을 부르는 것이 곧 비즈니스의 전략입니다. 통전적인 영역에서의 구원, 치유, 회복을 이루는 하늘의 본질입니다."

그렇게 선포하고 2분간 "예수는 주"를 외치게 하였다. 구하기 전에 우리에게 있어야 할 것을 이미 아시는 하나님이 그 이름을 외칠 때에 우리의 필요를 채우실 것이다.

"예수는 주! 예수는 주! 예수는 주! 예수는 주!"

참으로 이상한 집회가 이루어지고 있었다. 그러나 모두가 예수님을 주主로 외치고 있었다. 어떤 이들에게는 어리석은 것으로 비추었을 것이다. 이런 폼 나는 집회에 고작 부흥사처럼 그런 것을 외치게 하다니! 그러나 나는 바울처럼 예수 그리스도와 그분의 십자가에 못박히신 것 외에는 아무것도 알지 아니하기로고전 2:2 작정하였다. 그것이 곧 '성령의 나타나심과 능력'이다. 예수님의 이름을 부르는 것이 비즈니스와 교회를 회복하는 가장 강력한 능력이다.

나는 그것을 믿는다. 나도 감각이 있다. 나도 내 영역에서 무수한 탐구와 작업으로 쌓은 내공을 가지고 있다. 그러나 그 문을 여는 능력은 그 이름을 부르는 것이다. 오직 말씀에 복종하는 그것이다.

"방언은 바로 우리의 영이 비밀을 말하는 것고전 14:2입니다. 그 비밀은 우리 안에 계신 그리스도골 1:27이십니다. 우리가 방언으로 기도하는 것은 나의 지식, 경험, 의를 내려놓고 성령 하나님께… '나와 더불어 오직 하나님의 뜻대로 간구해주세요!'라고 굴복하는 예언적 행위입니다. 그때 성령님이 우리 안에 계신 그리스도의 영을 풀어주실 것입니다!"

그렇게 외치고 방언의 기도를 사모하는 이들과 성령님께 굴복하기를 구하는 이들을 초청하였다. 얼마 나오지 않을 것이라 여겼는데 많은 이들이 나와서 다시 기도의 시간을 가졌다. 주님의 집은 오직 만민을 위해 중보하는 사명을 받았다. 내 사모하는 예수님이 그리 말씀하셨다. 그분은 십자가를 지시기 전날 밤에, 그 절명의 밤에 우리를 위해 중보하셨다.

히브리서 기자는 그 간구를 "그는 육체에 계실 때에 자기를 죽음에서 능히 구원하실 이에게 심한 통곡과 눈물로 간구와 소원을 올렸고 그의 경외하심을 인하여 들으심을 얻었느니라"히 5:7라고 기록하였다. 요한복음 17장의 그 간구 가운데 들어 있는 그 긍휼과 공의는 얼마나 영혼을 흔드는지! 그 안에서 놀라운 능력과 비밀을 발견한다. 주님은 십자가상에서도 만민을 위해 중보하셨다.

그리스도의 '증인'이란 무엇인가? 바로 이 주님의 삶을 닮아서 사는 것이다. 어찌하든지 그 흔적이 내 몸에 새겨지기를 애쓰고 능력을 구하는 것이다. 나도 그 밤에 다시 용기를 내어 기도의 불을 댕겼다.

"주님… 굴복합니다. 당신께 굴복합니다. 굴복합니다!"

이것이 그 밤에 내 영이 토해낸 새 방언이었다. 그리고 더 기도할 용사들을 초청하여 빈 장소에 모여 그 밤을 간구로 채웠다. 수십 명이 그곳으로 왔다. 그 시간에도 주님은 강력하고 깊고 뜨거운 임재로 채워주셨다. 최근에 주님은 우리에게 강력히 기도할 것을 권고하셨다.

기도하지 않으면 죽는다. 엄청난 공격과 그 나라를 훼손하려는 흑암의 집요함이 내 곁에 있다. 하나님나라는 말이 아니다. 온전한 하나님의 진리와 성령의 능력과 나타내심을 소유하지 못하면 망한다. 열방을 치유하며 행진할 수 없다.

28
진리의 하늘 능력으로 이끄소서

최근에 사무실도 이사를 하고 동시에 집도 이사를 하게 되었다.

"버릴 것은 무조건 버리자."

사무실 이사를 하면서 나는 후배들에게 계속 그렇게 말했다. 1년 정도 그 공간에 있었는데 그렇게 버릴 것이 많을 줄이야! 정말 모아놓은 쓰레기의 양이 엄청났다. 그것을 보는데 마음이 을씨년스러울 정도로 심란했다.

집도 마찬가지였다. 이미 오래된 책들도 상당량 버렸지만 여전히 버릴 것이 많다. 구석구석에 쌓여 있는 것들…. 대부분 거의 신경도 안 쓰는 필요 없는 것들이었다. 그저 무심함으로 방치해두었거나 연민과 미련으로 붙들어둔 것들… 버리고 버려도 여전히 버릴 것들이 나왔다.

"성령님, 제 안에 하나님께 합당치 않은 것들… 예수님이 살아서 역사하시는 것을 방해하는 것들… 싹 버리게 해주세요. 그리고 오직 아버지의 가장 본질적인 것들로만 채워주소서."

이사를 하는 동안에 나는 계속 그 기도를 했다. 올해 들어 날마다 수없이 구한 기도가 있다.

"주님… 제게 강력한 기름부음을 부어주세요. 가난한 자에게 복음을 전하기 위하여… 주님께 부어졌던 그 성령과 능력을 기름 붓듯 부어주세요."

진정 몇 년 전만 해도 '기름부음'이니 '성령의 권능'이니 하는 말조차 부담을 갖던 내가 날마다 이 간구를 드리게 된 것이다. 그 이유는 오직 그것이 예수님의 증인이 되는 삶을 살게 하기 때문이다.

> 너희가 내 말에 거하면 참 내 제자가 되고 진리를 알지니
> 진리가 너희를 자유케 하리라
> 요한복음 8:31,32

이 말씀처럼 진리 그 자체가 우리 안에 임해야만 진정한 주님의 증인, 진정한 제자로서 주님의 삶을 살 수 있음을 깨닫는다.

'너희가 내 말에 거하면….'

이 말씀이 얼마나 중요하던지…. 많은 이들이 열심을 내나 주님이 약속하신 그 놀라운 삶에 이르지 못하는 것은 바로 주님의 말씀이 그 안에 온전히 거하지 않기 때문임을 절감한다. 그 말씀이 우리 안에 살아 있어야 예수님처럼 살게 된다.

오늘 우리에게 성령님에 대하여, 기름부음과 치유와 권능, 부흥에 대한 지식이 없어서가 아니다. 그 어느 시대보다도 그 지식과 정보는 엄청나게 많다. 이젠 성령님에 대하여 말하지 않는 것이 이상한 시절이다. 그런데도 약속하신 성령님의 권능을 누리지 못하는 것은 그 말씀이 내 안에 거하지 않기 때문이다. 나는 오직 주님의 그 말씀이 내 안에 거하는

것, 그 지혜와 계시의 성령님이 내 안에 살아 역사하시는 그 경지에 다다라야 한다고 믿었다.

예수님이 성령님의 임하심으로 받은 기름부음이 가난한 자들, 즉 마귀에 눌려 고통 받는 이들을 자유케 하고 그들을 치유하고 구원하는 그 '희년'禧年의 역사는 당연히 그것을 말하고 아는 것만이 아니다. 바로 성경대로 '기름부음'이다.

주의 성령이 내게 임하셨으니
이는 가난한 자에게 복음을 전하게 하시려고
내게 기름을 부으시고 나를 보내사
포로 된 자에게 자유를, 눈먼 자에게 다시 보게 함을 전파하며
눌린 자를 자유케 하고

누가복음 4:18

이 말씀이 내 안에 거하기 시작하자 날마다 기름부음을 구하는 간구가 터진 것이다. 그러나 그 '희년', '부흥', '하나님나라'를 말하는 이들은 많으나 그 기름부음을 간절히 구하는 이들은 적다. 예수님을 통해 나타난 그 놀라운 구원의 역사, 그 비밀은 바로 '기름부음'이었다.

그러나 이제 그 말은 안 쓰는 사람이 없을 정도로 흔한 유행어처럼 되었다. 하지만 그 본질을 아는 이는 드물다. 그래서 우리 가운데 아버지가 약속하신 그 회복과 자유와 은혜의 때인 '희년'을 실제적으로 경험하는 역사가, 그 추구에 비해 보기 드문 것이다. 우리의 힘이 아닌 오직 성

령님의 능력과 나타나심이 그것을 이루어낸다.

이런 이해 또한 이제 상식이다. 그러나 그 능력을 진정 깊이 깨닫고 이해하고 구하는 데 집중하여 전력을 다하는 이들은 찾아보기 힘들다. 그저 적당히 구하고 부어진 것으로 착각하는 것이다. 대부분 성령님과 하나님나라, 부흥에 대하여 말하는 이들이 가장 성령님의 능력을 구하지 않는 부류들일는지 모른다(물론 나 또한 거기서 완전히 자유롭지 못하다).

날마다 기름부음을 구할 때 당연히 가난한 자에게 복음을 전하기 위해, 진리의 성령님께서 내 안에 새겨주시고 부어주시는 기름부음이 있었다. 물론 내 영이 그전보다 더욱 강력한 능력 가운데로 나아갔다. 하나님의 말씀 안에 내가 거하는 그 체험으로 나아갔을 때, 그것은 '보혈의 능력'과 '예수님의 이름의 권세'였다.

성령님은 그것을 기름부음을 구하는 간구의 응답으로 주셨다. 이것은 새로운 지식이 아니라 이미 그전부터 성령님을 만나고 지속적으로 새롭게 깨닫게 하신 것이다. 그런데 그것이 더욱 놀랍고 강력하게 내 안에 거하는 지혜와 계시의 영이 된 것이다.

그전에 부어주셨던 '방언' 역시 더욱 깊은 경지로 인도하셨다. 정말 그것은 놀라운 것이었다. 나는 모임이나 집회에서 그것에 대해 깨달은 바를 부분적으로 나누기 시작했는데 많은 이들이 '보혈과 예수님의 이름'에 대해 이미 공감하기에 "아멘"으로 화답하지만 그때뿐이고, 그 놀라운 능력 가운데 나아가고자 간절히 구하고 깨닫기를 사모하는 이들이 적다는 것을 알았다. 그것보다는 다른 어떤 뜨거운 체험들과 프로그램, 변화들을 구하는 이들이 많다고 느꼈다.

오늘 우리의 문제는 이미 너무 많은 지식과 정보들에 빠져 있다는 것이다. '플라시보'(위약 효과)처럼 그것을 이미 알고 있다고 여긴다는 것이다. 아마 망하게 하는 자들이 그런 전략을 쓰는가보다.

정말 깨어서 그것을 간파하는 안목이 절실할 때이다. 그저 전반적으로 대강 이해하고 자기만족에 빠져서 남을 판단하거나 지엽적인 교리, 현상에 집착하여 에너지를 쏟고 있는 것은 아닌가? 보혈의 능력은 누구나 공감한다. 그러나 그 능력의 본질, 그 깊이를 충만하게 소유한 이는 드물다. 성경이 말하는 그 능력의 깊이에 도달하고자 몸부림치는 이는 보기 힘들다.

'예수님의 이름'이 얼마나 놀랍고 위대한가? 진정 성경을 조금만 읽어도 그 이름의 능력이 하늘 위와 이 땅과 땅 아래의 모든 정사들, 권세들, 만물을 다스리고 악한 세력들을 부수고 하나님의 희년禧年을 이루게 한다. 그것은 실로 엄청난 성령님의 권능이다.

그러나 왜 우리는 이토록 초라한가? 그것은 그 말씀이 그 안에 거하지 않기 때문이다. 그 위대함을 진리의 성령님이 열어주시는 그 지혜와 계시로 발견한 이들이 너무나 적기 때문이다. 그것보다 다른 무엇을 더 추구해야 한다고 생각하게 하는 망하게 하는 자들의 작전 때문이다.

그래서 밤이 맞도록 그물을 드리우나 소득이 없었던 베드로처럼, 무언가 하는 것 같으나 충만한 그 기업의 풍성함을 누리지 못한다. 예수님이 지시하시는 그 말씀을 따라 그물을 던져야 한다. 그 말씀이 요구하는 본질에 더욱 집중해야 한다. 그것이 우리 영혼 깊이 드리어져야만 한다. 우리의 심각한 문제는 적당히 그 지식을 알고 사용하고 다 아는 체 하며 그 말씀이 놀라운 기름부음 가운데 나아가도록 날마다 겸비함으로 구하지 않는다는 것이다. 하나님의 아들이신 예수님도 심한 통곡과 눈물로 간구와 소원을 올렸는데, 우리가 날마다 드리신 그 진실과 종 됨의 모범을 닮지 않기 때문이다.

"예수님의 이름의 권세… 보혈의 위대한 능력을 더욱 깊이 깨닫고 경험하도록 기름부어주세요. 그 놀라운 경지로 더 깊이 들어가게 해주세요."

최근 날마다 이 기도를 드리게 된다. '십자가에 달리신 예수 그리스도'가 곧 '성령님의 능력과 나타나심'이 되는 경지…. 그것을 보기까지 아니 본 후에라도, 이 간구를 멈추지 않을 터.

마치 습관처럼 주문을 외듯이 그 지식을 말한다고 능력이 나타나는 것이 아니다. 진리의 성령님을 통하여 내 영에 깊이 깨닫고 강력한 믿음으로 반응해야만 그것이 능력이 된다. 그것이 기름부음으로 나타난다.

최근 성령님의 인도하심으로 읽은 한 선각자의 전언은 그것을 자극한다.

"예수님의 이름 안에 부여된 권세를 경험한 사람들이 더러 있다. 그 능력으로 묶인 자가 자유케 되며 소경이 눈을 뜨는 것을 보아왔다. 그러나 지금까지 우리 중 누구도 우리의 특별한 권리 안에 자리를 잡고, 예수님의 이름의 이 충만한 힘과 능력을 누리는 곳에 거하는 사람은 거의 없었다."

그 누구도 보혈과 예수님의 이름의 능력을 거부하지 않는다. 그러나 그것을 더욱 깊이 누리기 위하여 간구하고 그 기름부음을 구하고 찾고 두드리는 이는 드물다. 아직도 그 이름의 비밀과 능력의 깊이는 우리 가운데 거의 나타나지 못하고 있다.

아주 소수의 선각자들만이 그 경지를 누렸다. 이것이 오늘의 교회의 절망이다. 그 이름의 능력을 구하고 그 깊이에 도달하고자 하는 갈망보다 너무나 해야 할 것들이 많고, 프로그램과 자기들이 세운 비전들이 많기 때문이다. 그래서 이 본질들을 요식 행위처럼 적당히 사용하는 것이다.

마치 보혈과 예수님의 이름이 우리의 예배와 추구의 장식처럼 되어 간다. 아니다! 나는 결코 그것은 아니라고 말할 것이다! 그것이 본질이고 위대한 능력이며 우리가 날마다 쉬지 않고 선언해야 할 진정성이다. 다른 것들이 오히려 버려야 할 그것이다.

거추장스러운 짐들이란 쓰레기일 가능성이 많다. 더욱 강조하게 되는 것은 오순절 제자들이 경험한 그 성령님의 권능 가운데 나아가야 한다는 것이다. 그것이 무에 새로운 것이겠는가? 그러나 아니다! 그것이 가장 새로우며 우리가 추구해야 할 최고의 본질이다. 우리는 오순절에 대하여 성령님에 대하여 여러 담론을 나눌 뿐, 그 성령 하나님께 온전히 사로잡히는 경험을 한 자가 그다지 많지 않다.

물론 기름부음을 받았고 여러 은사를 체험한 이들은 꽤 있을 것이다. 그러나 자기 유익과 체험과 문제 해결과 사역을 위한 기름부음을 넘어서, 이 시대를 뒤흔들 진정한 남종과 여종일지라도, 성경이 약속한 그 거룩하시고 아름다우시며 놀라운 성령 하나님께 사로잡히는 역사를 경험한 이들은 매우 적은 것 같다.

진리의 그 약속들을 반드시 누리고 싶다. 지극히 작은 이들이 빌립 집사처럼, 스데반처럼, 강력한 성령의 권능으로 겸비하고 자기를 부인하는 예수 그리스도의 군사로 일어서는 그 역사를…. 다른 무엇보다 그것이 우리가 가장 갈급하게 추구해야 할 것이다.

히브리서 11장에는 별처럼 빛나는 믿음의 선진들이 우리를 응원하고 기대하고 있다.

> 이는 하나님이 우리를 위하여 더 좋은 것을 예비하셨은즉
> 우리가 아니면 저희로 온전함을 이루지 못하게 하려 하심이니라
> 히브리서 11:40

그들은 증거를 받았으나 약속된 것은 받지 못했다. 이제 우리가 오직 성령님의 권능으로 더 좋은 것, 그 온전한 역사를 이루어야 한다. 우리에게 주어진 이 삶이 얼마나 놀라운 특권이며 축복인가!

> 이러므로 우리에게 구름같이 둘러싼 허다한 (믿음의) 증인들이 있으니
> 모든 무거운 것과 얽매이기 쉬운 죄를 벗어 버리고
> 인내로써 우리 앞에 당한 경주를 경주하며
> 믿음의 주主요 또 온전케 하시는 이인 예수를 바라보자
> 히브리서 12:1,2

아직도 내 안에 버려야 할 짐들, 얽매는 쓰레기 같은 정보들과 묶임

과 성령님을 제한하는 견고한 진陣 같은 생각, 상처들…. 그것들을 보혈과 성령의 불로 태워주시기를 간절히 구한다. 그리고 오직 주님이 말씀하신 그 진리의 본질, 그 하늘 능력의 영역에 나를 데려가주시기를, 오직 예수님이 명하시고 가르쳐주시는 그 믿음과 진리의 토대에만 나를 세우기를, 거기에 집중하기 위해 사활을 걸기를, 내 영혼과 삶이 진리의 본질을 향한 그것에만 선명해져서 독수리처럼 기류를 타는 그 자유와 기품 있는 가벼움과 용맹을 추구하기를…. 오, 그것에 도달하기를….

'성령님, 능력 주시고 기름부어주세요.'

아아, 예수 그리스도 안에 있는 우리의 높은 특권을 따라 행동한다면, 이것은 실제로 그리스도인들의 경험상 아직 탐사되지 않은 고원高園이다.

오직 주님만 신랑으로 사모하고 사랑하는, 지극히 작으나 순수한 믿음의 동지들과 이 높고 높은 경지에 도달하여 이제는 내가 사는 것이 아니라 내 안에 그리스도께서 사시는 그것을 온전히 누리는 축복을 갈망하며….

동지들과 함께 더욱더 성령 하나님의 기름부음과 임재를 구하고 또 구하는 복된 꿈을 오늘도 꾸어본다.

하늘 문을 향한 여정에서

이 글은 성령님을 체험한 후 인터넷에 일기처럼 기록한 내 삶의 편린들이다.

그래서 거칠고 현실적이며 반복적인 강조들로 가득하다.

이 작은 나눔이 '빌립 집사'처럼 살고자 하는 모든 평범한 성도들에게

작은 용기와 손잡아 이끄는 힘이 되기를 소망해본다.

글에도 썼듯이 나는 '예수님처럼 사는 것'이야말로

가장 짜릿하고 아름다운 삶이라 생각한다.

너무나 당연한 고백이다.

그러나 '망하는 자들'은 천국 여행과 그 추구를 가리고

우리가 온통 '나'에 얽매여 살게 한다.

그것은 나에게 거룩한 분노를 일으킨다.

나는 주님이 약속하신 '영광스러운 교회'를 믿는다.

그것을 꿈꾼다.

그 '몸 된 교회', 주님과 동거하고 사역하는 능력의 손과 발들….

그 충일한 회복을 갈망하며 이 글들을 엮었다.

나의 부족한 안목으로는 예수님의 길을 다 만질 수도 살필 수도 없다.

그러나 '구하고 두드리고 찾고 찾으면'

결국 주님의 깊이와 넓이와 높이를,

그 아름다운 형상으로 옷 입을 은총이 언젠가는 임하리라 믿는다.

그렇게 가고 또 가는 것이다.

주께서 그렇게 가셨듯이….

이 세상 어느 한 모퉁이에서 나처럼

예수 그리스도의 자취를 닮아 살고자 하는 작은 다짐이 일어난다면

그것으로 이 글을 나누는 의미가 충분할 것 같다.

그 길 위에 선, 그 길을 꿈꾸는,

모든 '그리스도의 작은 꽃송이들에게' 이 책을 바친다.

김우현

하나님의 이끄심

초판 1쇄 발행 2009년 9월 21일
초판 10쇄 발행 2016년 7월 15일

지은이 김우현

펴낸이 여진구
책임편집 3팀 | 안수경, 유혜림
편집 1팀 | 이영주, 김수미 2팀 | 최지설, 김나연 4팀 | 김아진
책임디자인 이혜영 | 마영애, 노지현
기획·홍보 김영하   해외저작권 김나은
마케팅 김상순, 강성민, 허병용, 이기쁨   마케팅지원 최영배, 이명희
제작 조영석, 정도봉   경영지원 김혜경, 김경희

이슬비전도학교 최경식, 전우순   303비전성경암송학교 박정숙, 정나영, 정은혜
303비전장학회 & 303비전꿈나무장학회 여운학

펴낸곳 규장

주소 06770 서울시 서초구 매헌로 16길 20(양재2동) 규장선교센터
전화 02)578-0003   팩스 02)578-7332
이메일 kyujang0691@gmail.com   홈페이지 www.kyujang.com
트위터 twitter.com/_kyujang   페이스북 facebook.com/kyujangbook
등록일 1978.8.14. 제1-22

책값 뒤표지에 있습니다.
ISBN 978-89-6097-134-9 03230

규 | 장 | 수 | 칙

1. 기도로 기획하고 기도로 제작한다.
2. 오직 그리스도의 성품을 사모하는 독자가 원하고 필요로 하는 책만을 출판한다.
3. 한 활자 한 문장에 온 정성을 쏟는다.
4. 성실과 정확을 생명으로 삼고 일한다.
5. 긍정적이며 적극적인 신앙과 신행일치에의 안내자의 사명을 다한다.
6. 충고와 조언을 항상 감사로 경청한다.
7. 지상목표는 문서선교에 있다.

하나님을 사랑하는 자 곧 그 뜻대로 부르심을 입은 자들에게는 모든 것이 合力하여 善을 이루느니라(롬 8:28)

Member of the
Evangelical Christian
Publishers Association

규장은 문서를 통해 복음전파와 신앙교육에 주력하는 국제적 출판사들의
협의체인 복음주의출판협회(E.C.P.A:Evangelical Christian Publishers
Association)의 출판정신에 동참하는 회원(Associate Member)입니다.